Knaur

Karin Iden

Aufläufe machen schlank

- 2 bis 3 kg pro Woche abnehmen
- über 100 leckere Rezepte

www.knaur.de

Inhaltsverzeichnis

Abnehmen mit Spaß und Erfolg

Entgegen früherer Meinungen wissen wir heute, dass Abnehmen um jeden Preis, d.h. hungern, nicht erstrebenswert für den Körper ist – und dazu noch ungesund. Crash-Diäten, wie sie früher en vogue waren, sind nicht mehr an der Tagesordnung. Sie schaden nicht nur der Figur, sondern auch der Seele, führen oft zu Mangelerscheinungen bis hin zu Depressionen. Zudem erscheinen die mühsam abgehungerten Pfunde meist allzu schnell wieder auf der Waage – der Jojo-Effekt lässt grüßen.
Aus diesem Grund sollten Sie langsam und gesund schlank werden. Denn: Abnehmen soll nicht Hungern und Verzicht bedeuten, sondern schmackhaft sein und Spaß machen. Oberstes Ziel dabei: Ihr reduziertes Gewicht langfristig zu halten – und das will gelernt sein. Die Rezepte in diesem Buch legen daher großen Wert auf eine kalorienreduzierte, ausgewogene Mischkost, bei der Sie alles essen dürfen, was Ihnen schmeckt. So purzeln die Pfunde kontinuierlich.

Wer langfristig seine Ernährung auf einen ausgewogenen, fettarmen, ballaststoff- und kohlenhydratreichen Menüplan umstellt, wird erfolgreich sein.

Fit, schlank und aktiv – das ist Ihr Ziel

Sie wollen abnehmen? Also brauchen Sie mehr Bewegung, mehr sportliche Betätigung – aber in Maßen. Und Bewegung strafft nicht nur Haut und Muskeln – auch die Seele bekommt reichlich Glückshormone. Das zeigt schon bald Wirkung, nämlich neben einem gesteigerten Wohlbefinden straffes Gewebe, gesundes Haar, glatte Haut, kräftige Nägel. Sie werden sehen: Mit Ihrem neuen Gesundheitsbewusstsein steigt auch Ihr Selbstwertgefühl! Der Weg dahin führt meist über eine Diät, doch auch die ist kein Zaubermittel. Wer gesund abnehmen will, braucht einen eisernen Willen. Der Wunsch abzunehmen beginnt immer im Kopf. Der Körper folgt dem Kopf, und hat der das Ziel angenommen, besteht auch die reelle Chance, das Ziel zu erreichen. Und Sie erreichen das Ziel.

Frust ade: Eine gute zuverlässige Diät soll Freude machen, gut schmecken und die Essgewohnheiten dauerhaft verändern.

Kennen Sie Ihr Gewicht? Bevor Sie mit unserer Auflauf-macht-schlank-Diät beginnen, sollten Sie nämlich prüfen, ob Sie zu viel wiegen. Auch ein Gespräch mit Ihrem Arzt ist in diesem Zusammenhang empfehlenswert.

Bei einem BMI ab 30 sollten Sie mit dem Hausarzt sprechen, bevor Sie mit einer Diät beginnen!

Das »richtige« Körpergewicht

Als Richtlinie für die Ermittlung des Normalgewichts dient heute der Body-Mass-Index (BMI). Dieser errechnet sich: Körpergewicht (kg) dividiert durch das Quadrat der Körpergröße (m^2).
Beispiel: Sie sind 1,64 m groß und wiegen 63 kg.

$$\text{BMI} = \frac{63}{1{,}64\ \text{m} \times 1{,}64\ \text{m}\ (= 2{,}68)}$$

Das ergibt den BMI von 23,42.

BMI-Werte für ein Alter von 19–34 Jahren:
Normalgewicht: 19 bis 24 (Frauen) / 20 bis 25 (Männer)
Übergewicht: 25 bis 30 (Frauen) / 26 bis 30 (Männer)
Starkes Übergewicht: 30

Wenn Sie zwei bis drei Kilogramm über dem Normalgewicht liegen, ist das vom medizinischen Standpunkt her noch in Ordnung. Fühlen Sie sich damit nicht wohl, reduzieren Sie Ihr Gewicht z.B. mit ein paar Diättagen.

Der Kneiftest
Drücken Sie die obere Hautfalte an Taille, Bauch und Oberschenkel zwischen Daumen und Zeigefinger zusammen. Ist die Speckschicht zwischen den Fingern dicker als 2,5 cm, besteht bereits Übergewicht.

Gesundheitsbewusst ernähren

Jeder Mensch muss essen und trinken, um lebenswichtige Organfunktionen aufrechtzuerhalten. Hunger und Durst erinnern uns an diese Funktionen. Mit der Nahrung nehmen wir verschiedene Substanzen auf, die dem Körper Energie liefern, als Baustoffe

dem Wachstum und der Erhaltung von Körpersubstanzen dienen, wichtige Abläufe bei der Energiegewinnung und im Stoffwechsel regeln und unser Immunsystem unterstützen.
Nährstoffe sind Eiweiß, Fett und Kohlenhydrate sowie Vitamine, Mineralstoffe und Spurenelemente. Die Energie, die unser Körper Tag und Nacht benötigt, liefern vor allem Eiweiß, Fett, Kohlenhydrate. Nach der Aufspaltung im Körper werden die Nährstoffe zu den einzelnen Körperzellen transportiert und dort abgebaut bzw. verbrannt. Dabei entsteht Wärmeenergie.
Eiweiß, Fett und Kohlenhydrate haben jeweils einen unterschiedlichen Energiegehalt:
1 g Eiweiß = 17 kJ (4 kcal)
1 g Fett = 37 kJ (9 kcal)
1 g Kohlenhydrate = 17 kJ (4 kcal)
1 g Alkohol= 30 kJ (7 kcal)

Der Energiegehalt der Nährstoffe sowie der Energiebedarf des Menschen werden in Kilokalorien (kcal) oder Kilojoule (kJ) gemessen:
1 kcal = 4,184 kJ
1 kJ = 0,239 kcal

Eiweiß

Eiweiß (Protein) ist der Baustoff aller Körperzellen, Muskeln, Organe, Enzyme und des Blutes. Wichtig: die regelmäßige Zufuhr und biologische Wertigkeit, also wie viel Gramm Körpereiweiß durch 100 Gramm Nahrungsprotein aufgebaut werden können. Bei tierischem Eiweiß (in Fleisch, Wurst, Käse, Eiern) ist sie meist höher, dafür werden auch Begleitstoffe wie Fett, Purine und Cholesterin mit aufgenommen. Empfehlenswert ist eine Mischung aus tierischem (Milch, Milcherzeugnisse, Eier, Käse, mageres Fleisch, Fisch, Geflügel) und pflanzlichem Eiweiß (Getreideerzeugnisse, Hülsenfrüchte – besonders Soja – Kartoffeln, Pilze, Nüsse).

Durch die Kombination einzelner Lebensmittel, z. B. Brot mit Fisch oder Käse, Pellkartoffeln mit Quark oder Eiern, wird eine sehr hohe biologische Wertigkeit erreicht.

Fett

Die meiste Energie wird dem Körper mit dem Nährstoff Fett zugeführt. Überschüssiges Fett speichert der Körper direkt als Körperfett. Die Folge: Gewichtszunahme.

Einige mehrfach ungesättigte Fettsäuren sind lebensnotwendig (essenziell) und können nicht selbst von unserem Körper hergestellt werden. Sie müssen mit der Nahrung aufgenommen werden.

Wir unterscheiden zwischen gesättigten Fettsäuren (in allen tierischen Nahrungsmitteln wie Butter, Schmalz, Wurstwaren, Fleisch, Käse, Gebäck, aber auch in pflanzlichen wie Kokos- oder Palmkernfett) und ungesättigten Fettsäuren (in allen pflanzlichen Nahrungsmitteln und Ölen). Gesättigte Fettsäuren lassen die Cholesterinkonzentration im Blut steigen, während einfach und mehrfach ungesättigte Fettsäuren, z.B. Ölsäure (einfach ungesättigt, z.B. in Olivenöl), Linolsäure (mehrfach ungesättigt, z.B. in Distel-, Sonnenblumen- und Maiskeimöl) und Omega-3-Fettsäuren (z.B. in fetten Seefischen), eine cholesterinsenkende Wirkung haben.

Zu empfehlen – weniger Fett

Der tägliche Fettverbrauch liegt laut Ernährungsbericht 2000 in Deutschland pro Person bei 100 Gramm, das ist zu viel! Achten Sie beim Einkauf auf fettarme Wurst und mageres Fleisch, schneiden Sie sichtbares Fett weg. Auch mit kalorienreduzierten Produkten, wie z.B. von Du darfst, reduzieren Sie die Fettaufnahme.

Kohlenhydrate

Sie sind wichtige Energiequellen für Muskeln, Nerven- und Gehirnzellen, enthalten in allen zucker- und stärkehaltigen Nahrungsmitteln. Kohlenhydrate aus Zucker, Konfitüre, Honig, Süßigkeiten, Kuchen, weißem Mehl und zuckerhaltigen Getränken werden besonders schnell in Energie umgewandelt, aber: ein Zuviel dieser Lebensmittel bringt schnell Fettpölsterchen.

Ganz anders wirken stärkehaltige und ballaststoffreiche Lebensmittel (Vollkornbrot, Gemüse, Nudeln, Kartoffeln, Naturreis, Getreideprodukte). Sie enthalten neben Kohlenhydraten auch Vitamine und Mineralstoffe. Diese verbleiben länger im Körper, d.h. sie werden langsamer verdaut, machen länger satt, wirken sich leistungssteigernd aus und drosseln den Appetit.

Ballaststoffe sind kein Ballast
Diese Bestandteile pflanzlicher Nahrungsmittel, führen dem Körper keine Kalorien zu. Enthalten sind sie in Vollkorn-Getreideprodukten, Obst und Gemüse. Sie werden im menschlichen Verdauungstrakt nicht abgebaut und sorgen so dafür, dass wir länger angenehm satt sind. Zudem unterstützen sie eine gesunde Darmfunktion. Wer ballaststoffreich isst, sollte auch ausreichend trinken, weil nur so die Ballaststoffe im Darm ausquellen können. Zu wenig Flüssigkeitsaufnahme kann zu Verdauungsstörungen führen.

Flüssigkeit

Ein Hauptbestandteil unseres Körpers ist das Wasser, sein Anteil liegt je nach Alter und Geschlecht zwischen 50 und 60 Prozent. Wasser ist Bestandteil und Baustein der Zellen, löst Nährstoffe aus der Nahrung und transportiert sie mit dem Blut in alle Organe und Zellen, hilft Abbauprodukte, die beim Stoffwechsel entstehen, abzubauen, reguliert den Wärmehaushalt (Schwitzen) und sorgt für das Quellen und die Fortbewegung des Speisebreis im Darm.
Eine ausreichende Flüssigkeitszufuhr ist gerade bei einer Diät von größter Bedeutung. Unser Körper benötigt pro Tag etwa 2 bis 2,5 Liter Flüssigkeit. Sie wird dem Körper durch Getränke und flüssige Speisen sowie wasserhaltige Nahrungsmittel, z.B. Obst und Gemüse, zugeführt.

Verzichten Sie während der Diät auf süße Cola- oder Brausegetränke! Geeignet sind natriumarme und magnesiumreiche Mineralwässer, Frucht- und Kräutertees, Kaffee in Maßen, Kur-Molke, Natursäfte und kalorienarme Erfrischungsgetränke. Fruchtsäfte enthalten auch Kalorien, deshalb mit Mineralwasser mixen!

Vitamine, Mineralstoffe und Spurenelemente

Diese Nährstoffe sind lebensnotwendig, da sie maßgeblich am Ablauf der Körperfunktionen und am Aufbau von Zellen und Geweben beteiligt sind. Mineralstoffe und Spurenelemente sind als Baustoffe mit Reglerfunktion notwendig für Wachstum, Ausnutzung der Nahrung und Stoffwechselfunktion. Sie müssen täglich mit der Nahrung in ausreichender Menge zugeführt werden. Hier die

Die fettlöslichen Vitamine A, D, E und K benötigen einen Fettzusatz, z. B. Öl. Wasserlösliche Vitamine sind B_1, B_2, Niacin, B_6, B_{12}, Folsäure, Pantothensäure, Biotin und Vitamin C.

wichtigsten: Calcium, Kalium, Natrium, Magnesium, Phosphor, Eisen, Fluor, Jod, Selen, Zink.

Auch Vitamine sind Regler- und Schutzstoffe, liefern keine Energie, sind vor allem Wirkstoffe. Sie werden zur Ausübung und zur Aufrechterhaltung vieler Körperfunktionen benötigt und müssen in ausreichender Menge mit der Nahrung zugeführt werden. Vitamine und Mineralstoffe schützen vor Infektionen, sind gleichzeitig Schönheitsmittel für Haut, Haare, Nägel und helfen beim Abbau von Fetten. Sie sind in Obst, Gemüse und Getreideprodukten enthalten. Werden sie nicht in ausreichender Menge mit der Nahrung zugeführt, kann es zu Mangelerscheinungen kommen. Diese führen zu gesundheitlichen Störungen, wie z.B. Müdigkeit, Konzentrationsschwäche, geringer Widerstandfähigkeit gegen Infektionen.

Essen und genießen

Abnehmen mit Genuss heißt auch Essen mit Ruhe und Gelassenheit. Das Sättigungsgefühl tritt nämlich erst nach 15 bis 20 Minuten ein – egal, wie viel man vorher schon gegessen hat.

Der Energiebedarf einer erwachsenen Frau (36 bis 65 Jahre) mit vorwiegend sitzender Beschäftigung liegt bei 1800 bis 2300 Kalorien, der eines Mannes gleichen Alters bei 2300 bis 2800 Kalorien. Wer pro Tag weniger zu sich nimmt, wird mit Sicherheit abnehmen. Kultivieren Sie Ihren Genuss nach dem Motto: weniger essen, langsamer und gründlicher kauen.

Das Ergebnis: Die Nahrung kommt aufgeschlossen im Magen an, und Sie sind schneller satt.

Wichtig dabei: Essen Sie ausschließlich Nahrungsmittel, die Sie auch mögen, lassen Sie keine Mahlzeiten aus, freuen Sie sich auf die nächste Mahlzeit und haben Sie Spaß beim Einkaufen und auch beim Kochen.

Wer sich auf Genuss einstellt, sich an Aussehen, Geschmack und Duft der Speisen erfreut, versteht richtig zu essen und genießt in vollen Zügen. Alle Sinne werden angesprochen.

Bewegung muss sein

Ausreichend Bewegung und Sport sollten Ihren Diät-Alltag begleiten, übertreiben Sie es jedoch anfangs nicht. Gehen Sie jeden Tag eine halbe bis eine Stunde flotten Schrittes spazieren. Zwei- bis dreimal pro Woche eine halbe Stunde Ausdauersport wie Walken (mit oder ohne Stöcke), Schwimmen oder Radfahren lassen die Fettpölsterchen schneller schwinden.

Raus aus dem Auto …
rauf aufs Fahrrad, Treppe statt Fahrstuhl … Auch in Ihrem Alltag finden Sie sicherlich viele »Bewegungskiller« – sagen Sie ihnen den Kampf an! Je mehr Sie sich bewegen, umso mehr Kalorien werden verbrannt.

Ganz easy: Die Auflauf-macht-schlank-Diät

Mit der Auflauf-macht-schlank-Diät können Sie stets gut gelaunt sein, denn Sie verzichten nicht auf den Stimmungsmacher Kohlenhydrate. Kartoffeln, Nudeln, Reis und Gemüse werden mit wenig Fleisch, Fisch und kalorienreduzierten Milchprodukten zu schmackhaften Auflaufgerichten kombiniert. Schon nach 20 bis

30 Minuten steht das Ergebnis ofenfrisch duftend auf Ihrem Tisch. Wir liefern die gesunden und ausgewogenen Rezepte, Sie wählen selbst aus, was Sie essen, und können sich Ihren Speiseplan immer wieder neu zusammenstellen.

Kartoffeln enthalten biologisch hochwertiges Eiweiß, Vitamin C und Kalium, sind fettarm und cholesterinfrei. Sie sind leicht bekömmlich, wirken entwässernd und verdauungsfördernd.

Eine Portion von 100 Gramm Eierteigwaren (Rohware) deckt den Tagesbedarf eines Erwachsenen an Magnesium zu 19 %.

Nudeln, vor allem Eiernudeln, enthalten eine hochwertige Kombination von Getreide- und Eiproteinen. Sie liefern Energie, lebenswichtige Vitamine und wertvolle Mineralstoffe.

Reis liefert acht essenzielle Aminosäuren (Eiweißbausteine). Weitere Vorzüge: vitamin- und mineralstoffreich, cholesterinarm, ein geringer Fettanteil, ein günstiges Verhältnis von mehrfach ungesättigten zu gesättigten Fettsäuren sowie ein positiver Einfluss auf die Blutfett- und Cholesterinwerte.

Gemüse sind vielseitig verwendbar, kalorienarm, reich an Vitaminen, Mineralstoffen und sekundären Pflanzenstoffen; außerdem ballaststoffreich und sättigend.
Wenn Sie die Rezepte in diesem Buch ausprobieren, zeigt sich schon bald ein erster Erfolg auf der Waage – das macht Mut zum Weitermachen. Durch den entschlackenden Effekt fühlen Sie sich auch leistungsfähiger. So verlieren Sie schnell zwei bis drei Kilogramm pro Woche. Die Aufläufe sättigen durch ein optimal ausgewogenes Verhältnis von komplexen Kohlenhydraten (Stärke), wie Nudeln, Reis, Kartoffeln und Gemüse in Verbindung mit eiweißhaltigen Produkten wie Geflügel, Fleisch, Fisch, Eiern und Käse. Dazu kommen kalorienreduzierte Produkte wie Wurst, süße und pikante Aufstriche und natürlich Milchprodukte.

Bei dieser Diät gibt es fast gar keinen Verzicht – und damit Geschmack und Genuss pur!

Kohlenhydrate machen glücklich

Amerikanische Wissenschaftler fanden heraus, dass bei kohlenhydratreicher Kost die Stimmungslage der Menschen erheblich besser ist als bei einer eiweißbetonten Ernährung. Die verschiedenen Stimmungslagen hängen von den biochemischen Prozessen im Gehirn ab, die durch den Stoffwechsel beeinflusst werden. Verantwortlich für die gute Laune ist ein Stoff im Gehirn namens Serotonin. Unser Gehirn bildet Serotonin normalerweise selbst. Dazu sind verschiedene Stoffe, insbesondere die Aminosäure Tryptophan, nötig. Tryptophan ist ein Eiweißbaustein, den wir vorwiegend mit magerem Fleisch, Joghurt, Fisch und Eiern zu uns nehmen. Wie viel Tryptophan seinen Weg ins Gehirn findet, hängt ganz davon ab, was wir sonst noch essen. Je mehr komplexe Kohlenhydrate (Vollkornprodukte, Obst, Gemüse) wir gleichzeitig zu uns nehmen, umso mehr Tryptophan kann auch ins Gehirn gelangen.

Reichlich Kohlenhydrate zusammen mit tryptophanhaltigen Lebensmitteln zu essen, ist eine gute Möglichkeit, einem Stimmungstief zu Leibe zu rücken.

Gut kombiniert

Der Zusammenhang ist ganz einfach: Außer Tryptophan haben auch andere Eiweißbausteine das Bestreben, ins Gehirn zu gelangen; es herrscht also Konkurrenz. Um Kohlenhydrate abzubauen, schüttet die Bauchspeicheldrüse Insulin aus. Dieses hält die anderen Eiweißbausteine zurück und fördert das Tryptophan, um Serotonin zu bilden.

Reichlich Kohlenhydrate wie Nudeln, Kartoffeln, Reis zusammen mit tryptophanhaltigen Lebensmitteln (Milch, Joghurt, Sahne, Käse) zu essen, ist eine gute Möglichkeit, einem Stimmungstief zu Leibe zu rücken. Also – Kohlenhydrate machen glücklich.

Das dürfen Sie täglich essen

Von wegen Hungern! Bei der Auflauf-macht-schlank-Diät gibt es täglich fünf Mahlzeiten mit insgesamt 1000 Kalorien. Ist Ihnen dies einmal zu wenig, können Sie die 1000-Kalorien-Grenze jeder-

Das gibt's
Morgens: Frühstück oder Müsli (200 kcal)
Zwischendurch: Imbisse (100 kcal)
Mittags oder abends: Hauptgericht (400 kcal)
Fürs Büro: Kleine Gerichte (200 oder 300 kcal)

zeit um 200 Kalorien erweitern – dabei wählen Sie aus, z.B. ein kleines Gericht (200 Kalorien) oder zwei Imbisse (je 100 Kalorien). Die Diät ist so variabel, dass Sie sich alle Mahlzeiten in einem Baukasten-System beliebig zusammenstellen können. Im Anhang finden Sie Tagespläne, die Ihnen die Auswahl erleichtern. Die Rezepte sind in fünf Kapitel unterteilt, damit Sie sich schneller zurechtfinden:
Frühstück (200 kcal)
Müslis (200 kcal)
Hauptgerichte (400 kcal)
Kleine Gerichte (200 oder 300 kcal)
Imbisse (100 kcal)

Zum Mitnehmen an den Arbeitsplatz

- Doppelte Frühstücksmahlzeit zubereiten: eine Portion davon einpacken. Das ergibt ein Mittagessen mit 200 Kalorien. Das 400-Kalorien-Gericht gibt es abends zu Hause.
- Die kleinen Gerichte sind zum Mitnehmen geeignet.
- Nicht vergessen: Zwischenmahlzeiten mit je 100 Kalorien für vormittags und nachmittags.
- Ein Salat passt gut in eine Aufbewahrungsbox. Das Dressing separat in einem Glas mitnehmen und am Arbeitsplatz mischen.

Tipps vor der Diät

- Bereiten Sie Ihren Körper auf die Diät vor. Am Vorabend 2 Esslöffel Glaubersalz in 1 Glas lauwarmem Wasser auflösen, in kleinen Schlucken trinken. Das räumt den Körper auf, entschlackt, hilft ihm, sich auf die Veränderung umzustellen und bereitwilliger seine Reserven anzugreifen.
- Auch Frühstücksmuffel sollten den Tag mit einem Frühstück beginnen. Der Magen braucht Beschäftigung und Sättigung als

Signal, sonst werden Sie schon beim kleinsten Hungergefühl schwach.

- Trinken Sie regelmäßig – auch ohne Diät – viel Flüssigkeit, mindestens 2 bis 2,5 Liter pro Tag: Mineralwasser, ungesüßte Früchte- oder Kräutertees. Sie schwemmen Schlacken und Giftstoffe aus dem Körper aus.

Tipps während der Diät

- Sie sollten sich rundherum wohl fühlen, und wenn Sie den Entschluss gefasst haben, freuen Sie sich auf Ihre Diät! Ansonsten warten Sie, bis Sie sich wohler fühlen. Fassen Sie ein bestimmtes Datum ins Auge. Das hilft und ist spannend für den Beginn.
- Achten Sie auf Ihre Salzzufuhr. Wenig Salz wirkt sich günstig auf den Blutdruck aus und damit langfristig auf die Gesundheit. Bevorzugen Sie Kräuter zum Würzen – frisch oder tiefgefroren.
- Gönnen Sie sich zweimal wöchentlich ein Kräuterbad (Reformhaus oder Apotheke).
- Auch eine Massage, ein Sauna- oder Friseurbesuch verschönt nicht nur den Körper, sondern auch die Seele.
- Gehen Sie nach dem Essen einkaufen. Sie sind dann satt und können den Verlockungen leichter widerstehen. Schreiben Sie einen Einkaufszettel. Spontankäufe während der Diät sind streng verboten!
- Auch das Auge isst mit. Lassen Sie sich Zeit beim Essen. Das Sättigungsgefühl stellt sich frühestens nach 15 Minuten ein.
- Essen Sie von einem kleinen Teller, trinken Sie aus einem kleinen Glas. Das Auge gaukelt dem Magen größere Portionen vor.
- Essen Sie nie im Stehen, sondern decken Sie für sich den Tisch.
- Im Büro sollten Sie den Computer abschalten und sich woanders ein Plätzchen suchen.

Beginnen Sie Ihre Diät an einem Wochenende. Dann hat der Körper Zeit und Muße, sich auf die Umstellung gut einzustimmen.

Lassen Sie möglichst keine Mahlzeit aus. Es ist bekannt: fünf kleine Mahlzeiten sind besser als drei größere, denn dann entsteht im Magen kein »Leerlauf«. Wer eine Mahlzeit ausfallen lässt, neigt dazu, das versäumte Gericht doppelt nachzuholen.

So klappt's
Täglich mit Genuss essen. Einmal am Tag außer Atem geraten. Und einmal am Tag herzlich lachen!

- Konzentrieren Sie sich auf das Essen. Kauen Sie langsam, jeden Bissen 15-mal. Der Speichel nimmt dem Magen Verdauungsarbeit ab.
- Stimmen Sie sich auf Ihr Essen ein. Atmen Sie tief durch, bevor Sie sich an den Tisch setzen. Genießen Sie den Duft der Speisen. Beginnen Sie langsam zu essen.

Alles rund um Aufläufe & Co

Duftend, brodelnd heiß, einfach unwiderstehlich – so soll ein Auflauf sein. Dabei ist die Zubereitung kein Hexenwerk: Zutaten können vorbereitet werden, sie werden nur noch in die Auflaufform gegeben und landen im Backofen. Und anschließend: ohne Umfüllen, einfach in der Form auf den Tisch – fertig. In den Rezepten finden Sie auch leckere Minis: Soufflés, Gratins und Toasts, herzhaft pikant oder süß – hier ist für jeden Geschmack etwas dabei.

Aufläufe wurden früher mit einer eierreichen Schaummasse zubereitet. Es wurde deshalb vom »Auflaufen« gesprochen. Heute müsste der Auflauf »Überbackenes« heißen, denn er enthält nicht mehr diese voluminöse Schaummasse. Abgelöst wird sie durch leichte Mischungen mit Ei, Joghurt oder saurer Sahne zum Binden der Zutaten. Die Zutaten werden eingeschichtet oder gemischt, geriebener Käse bildet den krönenden Abschluss.

Für ein **Gratin** werden die Grundzutaten meist vorgegart in eine Form geschichtet oder gemischt und nur mit Käse bestreut oder mit einer Käsesauce abgedeckt und kürzer als ein Auflauf überbacken.

Für ein **Soufflé** werden pikante oder süße Massen, mit steifem Eischnee vermischt, in kleine Förmchen gegeben und im Backofen, auf dem Rost oder in der Fettpfanne im Wasserbad, zubereitet. Der Name stammt vom französischen Wort »souffler« – aufblasen – ab.

Toast ist ein englischer Begriff, der übersetzt geröstetes Brot bedeutet. Bei unseren Toastrezepten handelt es sich um beidseitig geröstete Toastscheiben, unterschiedlich belegt, mit Käse bestreut und im Backofen kurz überbacken.

So gelingen Aufläufe, Gratins, Soufflés und Toasts

- Die Zutaten sollten Sie etwa 30 Minuten vor Beginn der Zubereitung aus dem Kühlschrank nehmen. Damit alle die gleiche Temperatur haben.
- Scheint die Oberfläche des Auflaufs oder Gratins zu dunkel zu werden, decken Sie diese mit Alufolie ab. Sieht die Oberfläche zu blass aus, verlängern Sie die Zeit um etwa 5 Minuten. Sie können auch kurz den Grill einschalten, beobachen Sie dann aber durch die Backofenscheibe, was geschieht!
- Die Toastscheiben können Sie auch im Backofen unter dem vorgeheizten Grill rösten – Achtung, das geht sehr schnell!

Keine Sorge: Auch wenn Ihnen ein Soufflé einmal etwas in die »Knie« gehen sollte, es schmeckt auch dann noch sehr gut.

Auch Gemüse oder Obst darf heute aus der Kälte kommen – wenn gerade keine Saison ist oder es schnell gehen soll. Vitamin- und nährstoffreich kommt Tiefkühlware erntefrisch auf unseren Tisch.
Ideale Küchenhelfer sind gewürfelte Zwiebeln oder gewürfelter Knoblauch aus der Tiefkühltruhe.

Super praktisch

Streufähige TK-Kräuter wie Petersilie, Dill, Basilikum, Kräuter der Provence, alles in 25-g-Päckchen – das entspricht etwa 2 bis 3 Esslöffel frischer Kräuter.

Flotte Helfer in der Küche

Außer Lust auf die Auflauf-Diät und Spass am Kochen brauchen Sie nur die Rezeptvorlagen und die entsprechenden Produkte.

Mehr als aktuell: Convenience

Alle Rezepte in dieser Diät sind leicht nachzukochen und abwechslungsreich – von einfach bis attraktiv. Die Zutaten sind vielfältig, überall erhältlich und preiswert. Die Lebensmittelindustrie hat so genannte Convenience-Produkte entwickelt, die Bequemlichkeit bedeuten. Gemeint sind damit vorgefertigte Lebensmittel, die küchen-, gar- oder zubereitungsfertig, am besten verzehr- und verbrauchsfertig und zeitsparend sind. Abgesehen von den kalorienreduzierten Molkereiprodukten sind Halbfertigprodukte wie Saucenprodukte (z.B. Les Sauces), Kartoffelpüreepulver, auch Instantprodukte wie Brühen, Fonds und Bouillons aus der Küche praktisch nicht mehr wegzudenken.

Höchstens die Anschaffung des einen oder anderen sinnvollen Küchenutensils ist eine Überlegung wert:

- Auflaufformen, möglichst auch eine kleinere, da die Rezepte für eine Portion sind.
- Ein bis zwei kleinere Töpfe, am besten mit einem Durchmesser von 15 bzw. 20 Zentimeter. Die kleinen Portionen verlieren sich sonst zu sehr in großen Töpfen. Besonders wichtig beim Erhitzen von kalorienreduzierter Butter, denn die Fläche ist ansonsten zu groß und das Fett verbrennt leicht.
- Kein Luxus: eine kleine oder mittelgroße beschichtete Bratpfanne, praktisch und energiesparend mit Glasdeckel.
- Zum Kaloriensparen: ein Mixstab bzw. Pürierstab oder ein kleiner Mixer. Handrührgeräte haben ihn oft schon als Zusatzteil.
- Ein Handrührgerät mit Schneebesen und Pürierstab erleichtert das Zerkleinern und Pürieren auch von kleinen Mengen.
- Eine Rohkostreibe ist unentbehrlich – für Gemüse und Hartkäse gleichermaßen.

Alles reine Formsache

Gute Zutaten gehören in gute Gefäße. Diese gibt es in unterschiedlichen Größen und Materialien. Für Aufläufe oder Gratins sind Formen aus Keramik, Gusseisen, feuerfestem Glas und Porzellan geeignet, oval, eckig oder rund.

Flache Formen sind geeignet für Gratins. Das Gericht gart schneller und die Oberfläche bräunt nicht zu schnell. Halbhohe Formen sind praktisch für Aufläufe. Die Zutaten 2 bis 3 Zentimeter unterhalb des Randes einfüllen.

Für Soufflés sind spezielle Portionsförmchen ideal. Sie haben einen Durchmesser von 7 bis 9 Zentimeter Durchmesser und ein Fassungsvermögen von 125 oder 150 Milliliter Inhalt.

Weniger ist mehr

Fett bringt Geschmack, aber natürlich auch Kalorien. Nicht alle Auflauf- oder Gratinformen müssen eingefettet werden. Da sie sowieso nicht gestürzt werden, kann bei sehr geschmacksintensiven Zutaten und genügend Feuchtigkeit aufs Einfetten verzichtet werden.

- Für Auflauf- oder Gratinformen, die gefettet werden, wird in den Rezepten ein Pinselstrich Pflanzenöl verwendet. Diese Menge ist kaum erwähnenswert.
- Mit einem Küchenpinsel einfach in Mini-Menge auftragen. Statt Öl darf es auch kalorienreduzierte Butter oder Margarine sein, etwas verflüssigen und hauchdünn auftragen. Oder die Form vorher in heißes Wasser getaucht erwärmen.
- Wenn etwas übrig bleibt: Reste von pikanten Aufläufen können Sie einfrieren und später im Backofen, auf der Herdplatte in der Pfanne oder in der Mikrowelle wieder erwärmen. Geben Sie bei Bedarf etwas Gemüsebrühe oder -fond dazu.
- Süße Aufläufe schmecken auch kalt sehr gut – als Dessert oder Snack am nächsten Tag.

Bringen Bindung: Ei, Sahne und Käse

Diese drei gehören fest zusammen. Eier, Sahne, weitere Milchprodukte und natürlich Käse – sie verbinden die festen Grundzutaten (Kartoffeln, Nudeln, Reis, Gemüse) zu einem Auflauf. Geschmacksgebend kommen Kräuter und Gewürze hinzu.

Frischetest fürs Ei
Den Frischegrad von Eiern können Sie selbst testen: Legen Sie ein Ei in eine Glasschale mit kaltem Wasser. Bleibt es am Boden, ist es frisch. Nimmt es Schräglage an, ist es etwa 7 bis 8 Tage alt. Schwimmt es oben, sollte es nicht mehr verwendet werden.

Eier

Die wichtigste Zutat sind Eier, denn sie lockern, binden und lassen die Masse aufsteigen. Das Eigelb bindet, das Eiweiß treibt die Masse nach oben – besonders wichtig beim Soufflé.

Sahne

Saure Sahne oder Sauerrahm ist ein durch Bakterien gesäuertes Milchprodukt und hat einen Fettgehalt von mindestens 10 % Fett.

Brunch-Brotaufstrich ist hergestellt aus frischem Rahm und mit Joghurt sowie Frischkäse verfeinert. Es gibt sechs unterschiedliche Geschmacksrichtungen. Alle haben maximal 22 % Fett.

Brunch Légère – das ist rahmiger Genuss ganz leicht und mit 15 % Fett.

Crème fraîche ist eine dicke saure Sahne mit 30 % Fett.

Crème légère ist mit 15 % Fett die Alternative zu Crème fraîche.

Vega légère (15 % Fett) ist mit Crème légère verwandt, nur auf Magermilchbasis mit Pflanzenfett hergestellt. Statt Sahne können Sie auch fettarme Milch mit 1,5 % Fettgehalt verwenden.

Cremefine-Produkte sind aus pflanzlichen Fetten und Milch hergestellt. Sie schmecken frisch, leicht und sind cremig, wobei ihr Fettgehalt deutlich niedriger ist als bei herkömmlicher Schlagsahne oder Crème fraîche.

Es gibt **Cremefine zum Schlagen** (19 % Fett), **Cremefine zum Kochen** (15 % Fett) und **Cremefine zum Verfeinern** (20 % Fett).

Dank der neuen, wiederverschließbaren Flasche mit Schnappverschluss lassen sich Cremefine-Produkte sauber und hygienisch aufbewahren. Auch die restlichen Produkte können mit einem Deckel gut verschlossen im Kühlschrank auf die nächste Zubereitung warten.

Käse

Je höher die Fettstufe, umso kalorienreicher das Gericht. Daher auch der gute bis sehr gute Schmelzeffekt, wenn ein Auflauf der Wärme ausgesetzt wird. Da in den Rezepten hauptsächlich kalorienreduzierte Käse verwendet werden, muss von geringerem Schmelzen ausgegangen werden. Wird jedoch Streichfett reduziert, kann hier und da auch mal eine »fette« Käsescheibe verwendet werden.

Gouda, Edamer

Schnittkäse mit 30 oder 45 % Fett i. Tr. Im Vergleich dazu: die kalorienreduzierten Käse von Du darfst mit nur 17 bzw. 18 % Fett i. Tr. Käseraspel von Du darfst sind eine Mischung aus mild-würzigem Gouda und deutschem Mozzarella mit 10 % Fett.

Tilsiter

Dieser Käse ist für Aufläufe recht streng im Geschmack. Er eignet sich für kurzes Überbacken von Toasts und zum Belegen von Broten. Normalerweise liegt sein Fettgehalt bei 30, 45 oder 60%. Kalorienreduzierter Tilsiter hat nur 17% Fett und ist trotzdem sehr schmackhaft.

Camembert

Ein Weichkäse, der hohen Temperaturen nicht lange ausgesetzt sein sollte. Ihn gibt es mit einem Fettgehalt von 10 bis 70%. Camembert ist für kürzeres Gratinieren geeignet. Hier kommen 10 und 14% Fettgehalt (Du darfst), höchstens 30% Fettgehalt zum Einsatz.

Roquefort/Gorgonzola

Das sind Blauschimmelkäse mit einem Fettgehalt von 50%. Ihr Aroma ist würzig. Sie eignen sich gut zum Überbacken für Gratins. Zerkleinert und mit Sahne verrührt lassen sie sich als Käse-Milch über den Auflauf oder das Gratin oder schichtweise zwischen die Zutaten verteilen.

Frischkäse und Speisequark

Weder Frischkäse noch Speisequark sollten zum Überbacken verwendet werden.

Frischkäse ist ungereifter Käse mit leicht säuerlichem Geschmack und unterschiedlichen Fettstufen (10, 20 und 40%), Magerquark hat 0,3% Fett und Buttermilchquark 0,5% Fett. Auch Feta (40 und 45% Fett) ist ein Frischkäse. Es sind auch Frischkäse mit 5 und 8% erhältlich. Diese Käse, zusammen mit Eiern und Milch verrührt, können kalorienreiche Sahnemischungen ersetzen.

Parmesan

Hartkäse mit 35% Fettgehalt. Ihn gibt es schon gerieben oder als Stück zum Selbstreiben. Er lässt sich gut mit heller Sauce (Béchamelsauce) oder nur mit Eiern, Sahne oder saurer Sahne verrühren, um die Auflaufzutaten zu übergießen. Verbleibt Parmesankäse, obenauf gestreut, zu lange im Backofen, schmeckt er anschließend leicht bitter. Deshalb: mit Parmesan bestreute Aufläufe oder Gratins nur kurz überbacken oder den Käse kurz vor Ende der Backzeit darüber streuen.

Mozzarella

Frischkäse, eigentlich aus Büffelmilch, der heute aber teilweise mit Kuhmilch vermischt hergestellt wird. Ihn gibt es in Kugelform in Lake oder verpackt in Folie. Er eignet sich gut zum Überbacken, kann aber auch stückchenweise mit den Zutaten vermischt werden.

Mozzarella wird leicht zäh während des Backens. Am besten nur obenauf für kurzes Überbacken verteilen.

Frühstück – das macht richtig munter

Camembertbrot mit Birne

Für 1 Portion

1 kleine Chicoréestaude (150 g)
1 kleine Birne (125 g)
1/2 (62,5 g) weicher Camembert (14 % F. i. Tr.)
1 EL ganzkörniger Dijonsenf (z. B. »A l'Ancienne« von Maille)
1 TL flüssiger Honig (10 g)
1 Prise frisch gemahlener weißer Pfeffer
1 Scheibe Vollkornbrot

- Die Chicoréestaude waschen, putzen, den Strunk keilförmig herausschneiden und die Staude längs halbieren. Von einer Hälfte die Blätter ablösen und einmal halbieren. Die Birne waschen und halbieren, eine Hälfte in Scheiben schneiden, dabei das Kerngehäuse entfernen.
- Die übrigen Chicoréeblätter und die Birnenhälfte in Frischhaltefolie gewickelt im Kühlschrank für anderweitige Verwendung aufbewahren.
- Den Camembert ebenfalls in Scheiben schneiden. Senf, Honig und Pfeffer verrühren und die Brotscheibe damit bestreichen. Chicoréeblätter sowie Birnen- und Camembertscheiben darauf verteilen.

Tipp

Nehmen Sie den Camembert 30 Minuten vor dem Verzehr aus dem Kühlschrank. Dann ist er weich und entfaltet seinen Geschmack besser.

Info

A l'Ancienne ist der grobkörnige Senf-Klassiker. Seine aromatische Schärfe macht ihn ideal zum Marinieren von Fisch und Fleisch, zum Grillen, Schmoren oder für die traditionelle französische Vinaigrette. 1 gehäufter TL (8 Gramm) hat 10 Kalorien.

Ei-Brot

Für 1 Portion

1 Scheibe Vollkornbrot
1/2 TL Tomatenmark
1 hart gekochtes Ei (Kl. M)
1/2 TL TK-Schnittlauch

- Die Vollkornbrotscheibe mit Tomatenmark bestreichen. Das Ei in Scheiben schneiden und auf dem Tomatenmark verteilen. Das Brot mit Schnittlauchröllchen bestreuen.

Roggenbrötchen mit Schnittkäse

Für 1 Portion

Info
Sesamsamen gibt es ungeschält und geschält. Ungeschält können sie zu Müsli, Salaten, Gebäck und Süßspeisen verwendet werden.

1 Roggenbrötchen
1 TL Joghurt-Salatcreme (23 % Fett)
1 Msp. Dijonsenf
1 Salatblatt
2 Scheiben (je 30 g) Gouda (30 % F. i. Tr.)
1 TL Sesamsamen
1/2 TL TK-Gemischte Kräuter

- Das Roggenbrötchen waagerecht aufschneiden. Jede Hälfte mit etwas Salatcreme und Senf bestreichen. Das Salatblatt halbieren, je eine Hälfte auf die Brötchenhälften legen. Mit je einer Käsescheibe belegen. Restliche Salatcreme darüber geben, mit Sesamsamen und Kräutern bestreuen.

Knäckebrote mit Jagdwurst und Schmelzkäse

Für 1 Portion

Variante
Statt Jagdwurst schmeckt auch Bierschinken. Probieren Sie Schmelzkäse in mehreren Geschmacksrichtungen wie Kräuter, Salami oder Tomate-Paprika.

2 Scheiben Knäckebrot
1/2 TL Tomatenmark
2 kleine Salatblätter
1 Scheibe kalorienreduzierte Jagdwurst
1/2 Ecke kalorienreduzierter Schmelzkäse (z. B. von Du darfst)
1/2 TL TK-Petersilie

- Eine Scheibe Knäckebrot mit etwas Tomatenmark bestreichen, mit einem Salatblatt und der Scheibe Jagdwurst belegen.
- Die zweite Knäckebrotscheibe mit dem anderen Salatblatt belegen. Den Schmelzkäse in dünne Scheiben schneiden und darauf verteilen. Beide Brotscheiben mit Petersilie bestreuen.

Roggenbrot mit Putenbrust

Für 1 Portion

1 kleine Frühlingszwiebel
1 Scheibe Roggenbrot
10 g Butter
Salz, frisch gemahlener weißer Pfeffer
20 g Putenbrustaufschnitt
1/2 TL abgeriebene Schale einer unbehandelten Zitrone
1 TL Koriander, gehackt

- Die Frühlingszwiebel waschen, putzen und grob schneiden. Brotscheibe mit Butter bestreichen. Zwiebelstücke darauf verteilen, salzen und pfeffern. Putenbrustscheibe darüber legen. Das Brot mit Zitronenschale und Koriander bestreuen.

Graubrot mit Geflügelsülze

Für 1 Portion

1 Scheibe Graubrot
1 Msp. Dijonsenf
2 kleine Salatblätter
1 TL TK-Schnittlauch
1 Scheibe Geflügelsülze (20 g)
1 Tomate (50 g)
Salz, frisch gemahlener weißer Pfeffer

- Die Graubrotscheibe leicht toasten, mit Dijonsenf bestreichen, mit den Salatblättern belegen und mit etwas Schnittlauch bestreuen.
- Die Geflügelsülze auf das Brot legen. Die Tomate waschen, vierteln, dabei den Stielansatz entfernen. Die Tomatenstücke nach Belieben salzen und pfeffern und zum Brot essen.

Tipps
Delikat: Die Tomatenstücke in Scheiben schneiden, auf einen Teller legen, salzen und pfeffern und mit etwas mildem weißen Balsamessig (oder Himbeeressig) beträufeln.
Statt Geflügelsülze schmeckt auch Rindfleischsülze.

Pikantes Quark-Kräuter-Brot

Für 1 Portion

Variante
Pikant schmeckt der Quark auch mit jungen Spinat- oder Feldsalatblättern.

3–4 Rucolablätter
2 EL Magerquark (60 g)
1 EL kohlensäurehaltiges Mineralwasser
1/2 TL TK-Gemischte Kräuter
Salz, frisch gemahlener weißer Pfeffer
1 Scheibe Vollkornbrot

- Rucolablätter abbrausen, eventuell dicke Rippen entfernen. Die Blätter fein schneiden. Magerquark und Mineralwasser verrühren, Rucolablätter und einen Teil der Kräuter unterrühren. Quark salzen und pfeffern.
- Die Quark-Rucola-Masse auf dem Vollkornbrot verteilen und das Brot mit den restlichen Kräutern bestreuen.

Lachs-Sandwich

Für 1 Portion

Variante
Statt die Zutaten einzeln auf dem Brot anzurichten, können Sie Graved Lachs, Salatgurke und Zwiebel sehr fein schneiden und mit geschnittenem Dill vermischt auf den Salatblättern anrichten.

2 Scheiben Vollkorntoastbrot (z. B. Sammy's Super Sandwich)
1 EL leichte Salatcreme (z. B. Miracel Whip Balance)
2 Salatblätter (Lollo Rosso oder Kopfsalat)
1–2 kleine Scheiben Graved Lachs (20 g)
4 Scheiben Salatgurke
einige Zwiebelringe
1 Zweig frischer Dill

- Sandwichbrote auf einer Seite mit Salatcreme bestreichen.
- Eine Scheibe mit Salatblättern, Lachs, Salatgurke, Zwiebelringen und Dill belegen.
- Die andere Sandwichscheibe mit der bestrichenen Seite nach unten auf das erste Brot legen. Das Sandwich mit einem scharfen Messer diagonal in zwei Dreiecke schneiden.

Roggenbrot mit Senfbutter und Lachs

Für 1 Portion

2 Champignons (10 g)
1 kleine Zwiebel, 10 g Butter
$^{1}/_{2}$ TL mittelscharfer Senf
Salz, frisch gemahlener weißer Pfeffer
1 Scheibe Roggenbrot
10 g Räucherlachs
1 Zweig frischer Dill

- Champignons putzen und in dünne Scheiben, Zwiebel abziehen und in dünne Ringe schneiden. Butter und Senf verrühren, wenig salzen und pfeffern und auf dem Brot verstreichen.
- Die Brotscheibe halbieren und die Champignonscheiben darauf verteilen. Räucherlachs darauf legen. Brothälften mit Zwiebelringen und Dill garnieren.

Croissant mit Frischkäse und Erdbeeren

Für 1 Portion

1 Croissant
1 EL (30 g) Frischkäse (16 % Fett)
1 TL kalorienreduzierte Aprikosenkonfitüre (10 g)
4 kleine Erdbeeren

- Das Croissant waagerecht aufschneiden und beide Hälften mit Frischkäse bestreichen. Die Aprikosenkonfitüre darüber verteilen.
- Die Erdbeeren abbrausen und die Blütenansätze entfernen. Die Früchte in dünne Scheiben schneiden und auf den Croissanthälften schuppenartig verteilen.

Variante
Lassen Sie Ihren Geschmack entscheiden – auch alle anderen Konfitüresorten schmecken hierzu.

Pfirsichbrötchen

Für 1 Portion

50 g Magerquark
1–2 EL Wasser
2–3 Tropfen flüssiger Süßstoff
1 Msp. Zimt
1 TL Crème fraîche
1 Roggenbrötchen
1 Pfirsichhälfte (Dose)
1 Msp. Mandeln, gehackt

- Den Magerquark, Wasser, Süßstoff, Zimt und Crème fraîche glatt rühren. Das Roggenbrötchen waagerecht aufschneiden und mit der Quarkmasse bestreichen.
- Abgetropfte Pfirsichhälfte würfeln oder in dünne Scheiben schneiden und auf dem Quark anrichten. Das Brot mit den gehackten Mandeln bestreuen.

Variante
Wechseln Sie ruhig einmal ab – statt Pfirsich schmeckt auch jede andere Frucht, z. B. 2 Aprikosenhälften, 4 Erdbeeren oder 2 Pflaumen.

Quarkbrötchen mit Orangenmarmelade

Für 1 Portion

1 Roggenbrötchen
1 EL Magerquark (30 g)
1–2 TL Wasser
2 TL Orangenmarmelade

- Das Brötchen waagerecht aufschneiden. Den Magerquark und etwas Wasser verrühren. Die Brötchenhälften mit dem Quark bestreichen. Die Orangenmarmelade darüber verteilen.

Tipp
Besonders gut schmeckt Orangenmarmelade, die aus bitteren Orangen zubereitet wurde.

Quarkbrot mit Erdbeeren

Für 1 Portion

1 EL Magerquark (30 g)
1 TL Crème fraîche (30 % Fett)
2 Tropfen flüssiger Süßstoff
50 g kleine Erdbeeren
1 Scheibe Vollkornbrot

- Den Magerquark, Crème fraîche und Süßstoff verrühren. Die Erdbeeren abbrausen und die Blütenansätze entfernen. Die Früchte in Scheiben schneiden.
- Die Vollkornbrotscheibe mit der Quarkmischung bestreichen und die Erdbeerscheiben darauf verteilen.

Tipp
Weckt die Sommerlaune: Ersetzen Sie die Erdbeeren durch Himbeeren, Brombeeren oder Johannisbeeren.

Zimttoast

Für 1 Portion

1 TL Butter (5 g)
1 Prise Zucker
1 Prise Zimt
$^{1}/_{2}$ TL Mandelblättchen
2 Scheiben Toastbrot

- Den Backofen auf 200 °C (Umluft 180 °C, Gas Stufe 3–4) vorheizen. Butter, Zucker, Zimt und die leicht zerkleinerten Mandelblättchen verrühren.
- Die Toastscheiben mit der Buttermischung bestreichen und auf einen mit Backpapier ausgelegten Grillrost legen. Den Zimttoast auf der mittleren Schiene ca. 8 Minuten backen.

Toastbrote mit Nussnougat und Sanddorn

Für 1 Portion

2 Scheiben Vollkorntoastbrot
1/2 TL Nussnougataufstrich (10 g)
1 EL (30 g) Frischkäse (16 % Fett)
1/2 TL Sanddornaufstrich (10 g)

- Die Vollkornbrotscheiben toasten. Auf eine Scheibe den Nussnougataufstrich, auf die zweite Toastscheibe den Frischkäse streichen und darüber den Sanddornaufstrich verteilen.

Info
Die Früchte des Sanddorns sind gelb-rote Beeren eines Ölweidengewächses, das an Gebirgsflüssen und auch am Meer gedeiht. Erntezeit ist von Ende August bis Anfang Oktober. Die Früchte sind richtige Vitamin-C-Bomben – je nach Reifezeit enthalten 100 Gramm Früchte zwischen 160 und 340 Milligramm.

Brötchen mit Frischkäse und Kirschkonfitüre

Für 1 Portion

1 Roggenbrötchen
2 EL (60 g) Frischkäse (16 % Fett)
1 TL kalorienreduzierte Kirschkonfitüre (10 g)
1/2 TL Kürbiskerne, gehackt

- Das Roggenbrötchen waagerecht aufschneiden. Jede Hälfte mit Frischkäse bestreichen und darüber die Kirschkonfitüre verteilen. Mit den gehackten Kürbiskernen bestreuen.

Quark-Honig-Brötchen

Für 1 Portion

1 Vollkornbrötchen
3 EL Magerquark (90 g)
2 EL Magermilch (0,5 % Fett)
2 TL Honig (20 g)

- Das Vollkornbrötchen waagerecht halbieren.
- Magerquark und Magermilch verrühren und auf die Brötchenhälften streichen.
- Den Honig darüber verteilen.

Tipp
Sie können den Honig auch in die Quarkmasse rühren. Statt Magerquark schmeckt ebenso Ricotta-Käse. Das ist quarkähnlicher Frischkäse aus Vollmilch oder Schafsmilch.

Müsli – die pure Kornkraft

Köllns Röstmüsli

Für 1 Portion

½ TL Honig (5 g)
2 EL Wasser
1 Msp. Salz
1 TL Zucker
1 EL (10 g) kernige Haferflocken (z. B. von Kölln)
1 TL (7 g) knusprige Haferfleks mit Kleie (z. B. von Kölln)
1 TL (5 g) kalorienreduzierte Butter (z. B. von Du darfst)
1 TL Ahornsirup (10 g)
3 g Kokosflocken
1 TL Rosinen
100 g Magermilchjoghurt (0,3 % Fett)

- Den Backofen auf 140 °C (Umluft 120 °C, Gas Stufe ½) vorheizen.
- Honig, Wasser, Salz und Zucker in einem Topf erhitzen. Kernige Haferflocken und knusprige Haferfleks dazugeben und alles vermischen.
- Die Masse auf ein mit Backpapier ausgelegtes Backblech streichen und im vorgeheizten Backofen 10 Minuten backen. Danach rausnehmen und in feine Stücke brechen.
- Butter und Ahornsirup in einer beschichteten Pfanne verrühren. Kokosflocken, Rosinen und die gebackene Hafermischung unter Rühren zugeben.
- Das Müsli noch warm mit Magermilchjoghurt anrichten.

Info

Rosinen sind der Sammelbegriff für getrocknete Weinbeeren verschiedener Größen und Farben, die bis zur Überreife am Weinstock belassen werden. Danach werden sie auf Strohmatten oder in Kästen an der Luft oder an der Sonne getrocknet. Teilweise werden sie mit schwefliger Säure behandelt. Damit soll Verfärbung verhindert und die Haltbarkeit verbessert werden. Ob Rosinen geschwefelt, stark geschwefelt, ungeschwefelt oder naturell sind, muss deklariert sein.

Müslimischung selbst gemacht

Für 10 Portionen

Tipp
Diese selbst zusammengestellte Müslimischung ist ballaststoffreich, sättigend und reicht für 10 Portionen von je 50 Gramm – das sind etwa 2 gehäufte Esslöffel pro Portion.

63 g knusprige Haferflecks mit Kleie (z. B. von Kölln)
2 gehäufte EL (30 g) kernige Haferflocken (z. B. Kölln)
25 g Haferkleieflocken
25 g Haselnüsse, gehackt
25 g Sonnenblumenkerne
25 g Kurpflaumen
25 g Aprikosen, getrocknet
25 g Rosinen
10 g Pflanzenmargarine
25 g Honig
1–2 EL Zitronensaft

- Haferflecks mit Kleie, Haferflocken, Haferkleieflocken, Haselnüssen und Sonnenblumenkernen mischen. Kurpflaumen und Aprikosen waschen, trockentupfen und fein schneiden. Die Rosinen untermischen.
- Pflanzenmargarine, Honig und Zitronensaft unter ständigem Rühren so lange kochen, bis die Masse leicht bräunt. Mit den anderen Zutaten mischen. Das Müsli abkühlen lassen. In eine gut schließende Dose oder ein Vorratsglas geben.

Apfel-Joghurt-Müsli

Für 1 Portion

Varianten
Die Cornflakes können Sie auch durch Rice Krispies, den Apfel durch eine Birne ersetzen.

1 kleiner Apfel (60 g)
150 g Magermilchjoghurt (0,3 % Fett)
2 EL Cornflakes
$1/2$ TL Mandeln, gehackt oder gemahlen
1 kräftige Msp. Vanillinzucker

- Den Apfel waschen, vierteln, dabei das Kerngehäuse entfernen und die Apfelviertel grob raspeln. Diese mit dem Joghurt verrühren. Cornflakes, Mandeln und Vanillinzucker darüber geben und mischen.

Bananen-Ananas-Müsli

Für 1 Portion

1 kleine Banane (80 g)
1 ungesüßte Scheibe Ananas (35 g, Dose)
1 EL Sechs-Korn-Mischung (20 g)
2 EL (40 g) Magermilchjoghurt (0,3 % Fett)
1 TL Zitronensaft
3 Tropfen flüssiger Süßstoff

- Die Banane schälen, eventuell längs halbieren und in Scheiben schneiden. Die abgetropfte Ananasscheibe würfeln.
- Das Obst, die Sechs-Korn-Mischung und den Joghurt mischen, mit Zitronensaft und Süßstoff abschmecken.

Info
Bananen enthalten Vitamin B_6 und Vitamin C. Außerdem sind sie reich an Kalium, Magnesium und Mangan, sind natriumarm und so für Nierenkranke geeignet. Wegen ihres geringen Säureanteils tun sie Magen und Darm gut.

Grapefruit-Quark-Müsli

Für 1 Portion

2 EL Müslimischung (S. 36)
3 EL ungesüßter Fruchtsaft (z. B. Orangen- oder Grapefruitsaft)
1 rosa Grapefruit
1 EL Speisequark (20 % Fett)
2 TL Crème fraîche (30 % Fett)

- Die Müslimischung und den Fruchtsaft mischen und zugedeckt 20 Minuten quellen lassen.
- Inzwischen die Grapefruit schälen, dabei auch die weiße Haut entfernen. Mit einem scharfen Messer die Grapefruitsegmente zwischen den Trennwänden herausschneiden und die Filets klein schneiden.
- Den Speisequark und die Crème fraîche verrühren und mit den Grapefruitfilets und der Müslimischung mischen.

Limettenquark mit Haferkrokant (Foto)

Für 1 Portion

100 g Speisequark (20 % Fett)
4 EL kohlensäurehaltiges Mineralwasser
3–4 Tropfen flüssiger Süßstoff
1 Msp. Vanillepulver
Saft und abgeriebene Schale von 1 unbehandelten Limette
15 g Instant Flocken (z. B. von Kölln)
2 EL Zucker (24 g)
10 g Mandelstifte
1/2 EL kernige Haferflocken (z. B. von Kölln)

- Für den Limettenquark Quark, Mineralwasser, Süßstoff, Vanillepulver, Limettensaft und -schale und die Flocken glatt rühren.
- Für den Haferkrokant den Zucker in einer beschichteten Pfanne karamellisieren lassen, von der Kochstelle nehmen. Mandelstifte und kernige Haferflocken zugeben und unter Rühren mit dem Karamell mischen. Den Krokant auf eine mit Backpapier ausgelegte Fläche streichen und auskühlen lassen.
- Den Limettenquark mit klein gehacktem Krokant garnieren.

Tipp
Für den Haferkrokant sollte der Zucker bei kleiner Hitze in der Pfanne geschmolzen und hellbraun werden.

Zitrus-Müsli

Für 1 Portion

1 Mandarine
2 EL (40 g) Magermilchjoghurt (0,3 % Fett)
1 TL Zitronensaft
1 TL Honig (10 g)
2 EL (40 g) Mehrkorn-Flocken (z. B. von Kölln)

- Die Mandarine schälen. Die Frucht in Segmente teilen, diese eventuell halbieren.
- Joghurt mit Zitronensaft und Honig verrühren und mit den Mandarinenstücken und den Mehrkorn-Flocken mischen.

Tipp
Für den Frischekick: Streuen Sie geschnittene Zitronenmelisse- oder Minzeblättchen über das Müsli.

Feigen-Müsli

Für 1 Portion

1 Feige
100 g Erdbeeren
3 gehäufte EL kernige Haferflocken (z. B. von Kölln)
100 g Magermilchjoghurt (0,3 % Fett)
1 TL Honig, 1 Msp. Zimt
5 g Mandelblättchen

- Die Feige waschen, trockentupfen, den Stiel entfernen und die Frucht würfeln. Die Erdbeeren abbrausen, trockentupfen, die Kelchblätter entfernen. Die Früchte in Scheiben schneiden und mit den Feigenstücken mischen.
- Die kernigen Haferflocken über die Früchte streuen, unterheben und 10 Minuten zugedeckt ziehen lassen.
- Joghurt, Honig und Zimt verrühren und über die Früchte verteilen.
- Die Mandelblättchen in einer Pfanne ohne Fettzugabe unter Wenden hellgelb rösten, herausnehmen und kurz abkühlen lassen. Zum Anrichten über das Müsli streuen.

Tipp
Die gerösteten Mandelblättchen können Sie schon am Vorabend vorbereiten.

Himbeer-Müsli

Für 1 Portion

100 g Himbeeren
3 gehäufte EL Cornflakes
1/2 TL Kürbiskerne, gehackt
1 TL Honig
5 EL probiotischer Joghurt (0,5 % Fett)

- Himbeeren nur kurz trockentupfen und mit den Cornflakes und den Kürbiskernen mischen.
- Den Honig darüber träufeln und den Joghurt über dem Müsli verteilen.

Tipp
Beerig gut: Das Müsli schmeckt genauso fruchtig mit Brombeeren, Erdbeeren oder gemischten Waldfrüchten aus der Tiefkühltruhe.

Orangen-Müsli

Für 1 Portion

1 mittelgroße Orange
1 TL Haferkleieflocken
(z. B. von Kölln)
1 TL Leinsamen
2 EL Haferfleks mit Kleie
(z. B. von Kölln)
50 g Magermilchjoghurt (0,3 % Fett)
50 ml Buttermilch (1,5 % Fett)

- Die Orange schälen, dabei auch die weiße Haut entfernen. Mit einem scharfen Messer die Orangenfilets zwischen den Trennwänden herausschneiden und diese halbieren.
- Haferkleieflocken, Leinsamen und Haferfleks mischen und mit Magermilchjoghurt und Buttermilch in einem Gefäß verrühren. Die Orangenfilets unter die Getreideflockenmischung heben.

Info
Haferfleks mit Kleie und auch Haferkleieflocken werden aus den äußeren Teilen des Haferkorns mit Randschichten und Keim hergestellt. Die löslichen Ballaststoffe sind für eine cholesterinbewusste Ernährung wichtig, während die unlöslichen Ballaststoffe die Verdauung auf natürliche Weise anregen.

Apfel-Möhren-Müsli

Für 1 Portion

1 kleiner Apfel (50 g)
100 g junge Möhren
3–4 Tropfen flüssiger Süßstoff
100 g fettarmer Joghurt
(1,5 % Fett)
1 EL Haferflocken oder kernige Haferflocken
1/2 TL Weizenflocken

- Den Apfel waschen, vierteln, dabei das Kerngehäuse entfernen, die Viertel fein würfeln. Die Möhren putzen, waschen, dabei die Haut abrubbeln und die Möhren fein oder grob raspeln. Mit den Apfelwürfeln mischen. Süßstoff darüber träufeln.
- Den Joghurt sowie die mit Haferflocken gemischten Weizenflocken über das Müsli geben.

Tipp
Größere Möhren sollten geschält werden. Möhren liefern eine Extraportion Vitamin A – gut für Ihre Sehkraft.

Exoten-Müsli

Für 1 Portion

> **Tipp**
> Genießen Sie die übrige Papaya- und Mangohälfte einfach pur als Zwischenmahlzeit.

1 EL kernige Haferflocken (z. B. von Kölln)
2–3 EL kohlensäurehaltiges Mineralwasser
1/2 kleine Papaya
1/2 kleine Mango, 1 kleine Feige
2 EL Zitronensaft
1/2 Becher (75 g) Magermilchjoghurt (0,3 % Fett)
3–4 Zitronenmelisseblätter

- Die Haferflocken und Mineralwasser mischen; zugedeckt 10 Minuten ziehen lassen. Die Papaya und Mango schälen. Papaya halbieren, Kerne entfernen und das Fruchtfleisch von einer Hälfte würfeln. Von der Mango die Hälfte des Fruchtfleisches vom Stein schneiden, würfeln.
- Die Feige waschen, Stiel entfernen und die Frucht würfeln. Das vorbereitete Obst mit Zitronensaft mischen.
- Den Joghurt darüber verteilen, mit Melisse bestreuen.

Erdbeer-Joghurt-Müsli mit Ingwer

Für 1 Portion

> **Tipp**
> Mögen Sie's würzig-scharf? Dann ein kleines Stück frisch geriebenen Ingwer unter den Joghurt mischen.

2 EL Müslimischung (S. 36)
3–4 EL kohlensäurehaltiges Mineralwasser
3–4 kleine Erdbeeren
1 Msp. Ingwerpulver
1 Becher probiotischer Erdbeerjoghurt (0,1 % Fett)

- Die Müslimischung mit Mineralwasser mischen und zugedeckt 15 Minuten ruhen lassen.
- Die Erdbeeren abbrausen, Stielansätze entfernen und die Früchte in dünne Scheiben schneiden. Das Ingwerpulver in den Erdbeerjoghurt rühren und über die Müslimischung geben. Das Müsli mit den Erdbeerenscheiben garnieren.

Frischkorn-Müsli

Für 1 Portion

3 EL grobes Hafer- oder Weizenvollkornschrot
75 ml kaltes Wasser
1 kleiner Apfel oder 1 kleine Birne (100 g)
100 g Magermilchjoghurt (0,3 % Fett)
2 TL Apfel- oder Birnendicksaft
2 TL Zitronensaft

- Hafer- oder Weizenvollkornschrot in eine Schüssel geben und mit dem Wasser bedeckt über Nacht kalt stellen und quellen lassen.
- Am nächsten Morgen den Apfel oder die Birne waschen, vierteln, das Kerngehäuse entfernen und die Frucht grob raspeln. Die geraspelte Frucht mit Joghurt, Hafer- oder Weizenvollkornschrot und Apfel- oder Birnendicksaft sowie dem Zitronensaft mischen.

Tipp
Den eingeweichten Hafer- oder Weizenvollkornschrot entweder bei Zimmertemperatur oder im Gemüsefach des Kühlschranks quellen lassen. Statt Getreideschrot können Sie auch gekeimte Körner verwenden.

Mango-Müsli mit Dickmilch

Für 1 Portion

1 kleine Mango (125 g)
2 EL (40 g) Mehrkorn-Flocken (z. B. von Kölln)
100 g Dickmilch (1,5 % Fett)
1 TL Zitronensaft
$^1/_2$ TL Honig

- Die Mango schälen. Das Fruchtfleisch vom Stein schneiden und würfeln. Vier-Korn-Mischung, Dickmilch, Zitronensaft und Honig verrühren und mit den Mangostücken mischen.

Info
Reife Mangos sind nicht an der Farbe der Schale zu erkennen. Erst wenn die Frucht einen intensiven Duft ausströmt und die Schale auf leichten Fingerdruck nachgibt, ist sie reif. Wenn Sie nur eine große Frucht bekommen, essen Sie die zweite Hälfte zwischendurch, das entspricht 70 Kalorien.

Hauptgerichte – ofenfrisch und duftend

Kartoffel-Wirsing-Auflauf

Für 2 Portionen

4 grüne Wirsingblätter
500 g Kartoffeln
1 Beutel Fix für Kartoffel-Gratin (z. B. von Knorr)
3 Scheiben gekochter Schinken
50 g Emmentaler Käse, gerieben

- Die Wirsingblätter waschen und in kochendem Wasser 3 Minuten garen. Herausnehmen, in kaltem Wasser abschrecken und auf einem Küchentuch trockentupfen. Die dicken Rippen flach schneiden.
- Die Kartoffeln schälen, waschen und in dünne Scheiben schneiden. Den Inhalt des Beutels Kartoffel-Gratin-Fix in 300 Milliliter kaltes Wasser einrühren. Die Kartoffelscheiben zufügen und etwa 3 Minuten bei schwacher Hitze kochen lassen.
- Eine flache Auflaufform wenig einfetten. Den Backofen auf 200 °C (Umluft 180 °C, Gas Stufe 3–4) vorheizen.
- Ein bis zwei Wirsingblätter auf den Boden legen. Darauf 1 ½ Scheiben Schinken geben, darüber folgt eine Schicht Kartoffelscheiben. Diesen Vorgang einmal wiederholen, bis alles verbraucht ist und obenauf eine Kartoffelschicht liegt. Den Auflauf mit Käse bestreuen.
- Den Auflauf in den vorgeheizten Backofen auf die zweite Schiene von unten schieben und etwa 35 Minuten backen.

Tipp
Die Kartoffelscheiben sollten schuppenartig auf den Zutaten liegen. Mit frisch geriebener Muskatnuss geben Sie dem Auflauf noch mehr Würze.

Kartoffel-Paksoi-Auflauf

Für 1 Portion

150 g Kartoffeln
200 g Paksoi
1 TL (5 g) kalorienreduzierte Butter (z. B. von Du darfst)
1 EL TK-Zwiebeln, gewürfelt
1 EL TK-Knoblauch, gewürfelt
je 1 Prise Salz, Muskatnuss
frisch gemahlener weißer Pfeffer
1 Pinselstrich Pflanzenöl
50 g gekochter Schinken
100 g Dickmilch (3,5 % Fett)
1 Ei (Kl. M)
1 Msp. Paprikapulver edelsüß
2 EL (20 g) kalorienreduzierte Käseraspel (z. B. von Du darfst)

- Kartoffeln waschen, in der Schale garen, abgießen, pellen und in Scheiben schneiden. Den Paksoi putzen, zerteilen und waschen. Die Stiele in feine Stifte, die Blätter grob schneiden.
- Butter in einem Topf erhitzen, Zwiebel- und Knoblauchwürfel darin glasig werden lassen. Die Paksoistiele zufügen, 5 Minuten mitdünsten, dann die Blätter dazugeben und das Gemüse bei schwacher Hitze zugedeckt 3 Minuten dünsten. Mit Salz, Muskatnuss und Pfeffer würzen.
- Den Backofen auf 200 °C (Umluft 180 °C, Gas Stufe 3–4) vorheizen. Eine Auflaufform leicht einfetten. Den Schinken würfeln. Dickmilch, Ei und Paprika verrühren, salzen und pfeffern.
- Die Paksoimasse in der Form verteilen, Schinkenwürfel und Käseraspel darüber geben und die Dickmilchmischung darüber gießen.
- Den Kartoffelauflauf im Backofen auf der zweiten Schiene von unten 25 Minuten backen.

Tipp

Geben Sie statt der Dickmilch-Ei-Mischung an den gedünsteten Paksoi 3 bis 4 Esslöffel helle Knoblauchsauce (Fertigprodukt von Kraft) und verteilen Sie über dem Auflauf 30 Gramm gewürfelten Schafskäse. Den Schinken weglassen.

Info

Paksoi (auch Pak-Choi, pakchoy oder chinesischer Senfkohl) ähnelt etwas dem Mangold, schmeckt wie eine milde Variante von Chinakohl und roh als Salat leicht bitter wie Endivie. Die Blätter sind dunkelgrün, zart, glatt, glänzend mit auffallend breiten, weißen, fleischigen Rippen und Stielen, ohne Strunk. Paksoi gibt es inzwischen ganzjährig im Handel.

Mangold-Käse-Auflauf

Für 1 Portion

250 g kleine Kartoffeln, Salz
400 g zarte Mangoldblätter
frisch gemahlener weißer Pfeffer
1/2 Packung (125 ml) Käse-Sahne-Sauce (z. B. von Thomy)
25 ml trockener Weißwein
etwas Knoblauchpulver
etwas Muskatnuss, gerieben
1 EL (20 g) kalorienreduzierte Käseraspel (z. B. von Du darfst)

- Kartoffeln waschen und mit Schale in Salzwasser etwa 20 Minuten garen. Inzwischen den Mangold putzen, waschen, von den Stielen den Wurzelansatz entfernen, die Stiele von den Blättern abtrennen. Die Stiele anderweitig verwenden.
- Mangoldblätter grob schneiden und in Salzwasser 2 Minuten blanchieren. Abgießen, kalt abschrecken, ausdrücken, salzen und pfeffern. Kartoffeln abgießen, kalt abschrecken, pellen und vierteln. Kartoffelviertel und Mangold in eine Auflaufform geben.
- Den Backofen auf 220 °C (Umluft 200 °C, Gas Stufe 4–5) vorheizen. Käse-Sahne-Sauce und Weißwein aufkochen, mit Knoblauchpulver und Muskatnuss würzen. Die Sauce über die Zutaten geben und mit Käseraspeln bestreuen. Den Auflauf im Backofen auf der zweiten Schiene von unten 10 bis 15 Minuten überbacken.

Tipp
Wollen Sie die Stiele der Mangoldblätter anderweitig verwenden, die Stielrippen von der faserigen Haut befreien. Stiele erst längs in 2 bis 3 cm dicke Streifen, dann quer in 2 cm große Stücke schneiden. In etwas Olivenöl etwa 8 bis 10 Minuten zugedeckt dünsten und als Gemüse pur essen.

Gemüseauflauf (Titelfoto)

Für 1 Portion

100 g Kartoffeln
100 g Möhren
100 g Zucchini
Salz
1 Pinselstrich Pflanzenöl
frisch gemahlener weißer Pfeffer
50 ml fettarme Milch (1,5 % Fett)
70 g Schlagsahne
$^1/_2$ TL TK-Knoblauch, gewürfelt
2 Stiele Thymian
$^1/_4$ EL Sonnenblumenkerne, gehackt
1 EL (20 g) kalorienreduzierte Käseraspel (z. B. von Du darfst)
1 EL TK-Gemischte Kräuter

Info
Die Käseraspel sind eine fein abgestimmte Mischung aus mild-würzigem Gouda und deutschem Mozzarella.

- Das Gemüse putzen und waschen. Kartoffeln und Möhren schälen, von der Zucchini die Enden abschneiden. Das Gemüse in dünne Scheiben schneiden. Die Kartoffel- und Möhrenscheiben in kochendem Salzwasser 4 Minuten vorgaren. Herausnehmen, abtropfen und auf einem Küchentuch trockentupfen.
- Den Backofen auf 200 °C (Umluft 180 °C, Gas Stufe 3–4) vorheizen. Eine Auflaufform leicht einfetten. Das Gemüse schuppenartig in die Form einschichten, mit Salz und Pfeffer bestreuen.
- Milch und Sahne verrühren, Knoblauch und Thymianblättchen zufügen, salzen und pfeffern und die Masse über das Gemüse gießen.
- Den Auflauf im vorgeheizten Backofen auf der zweiten Schiene von unten 25 Minuten backen. 10 Minuten vor Ende der Garzeit die gehackten Sonnenblumenkerne und die Käseraspel darüber streuen. Vor dem Servieren die Kräuter obenauf geben.

Varianten

Statt der vorgeschlagenen Gemüse können Sie auch folgende Zutaten verwenden:

- Kartoffelscheiben, rote Paprikaschotenstreifen, grüne Bohnen

- Blumenkohl- und Romanesco-Röschen
- Zucchini- und Kartoffelscheiben
- Broccoliröschen und Kartoffelscheiben
- halbierte Rosenkohlröschen und Kartoffelscheiben
- TK-Rohgemüse: Broccoliröschen, Erbsen und Möhren, Rosenkohlröschen

Beim TK-Rahmgemüse und bei den TK-Gemüsezubereitungen (beides z.B. von Iglo) lassen Sie Sahne und Gewürze im Rezept weg; nur mit der fettarmen Milch sämig machen, abschmecken und mit Käse bestreut in den Backofen schieben.

Grünkern-Grünkohl-Auflauf

Für 1 Portion

1 Grünkernbratling (Reformhaus)
1 TL TK-Zwiebeln, gewürfelt
1 TL TK-Knoblauch, gewürfelt
150 g TK-Grünkohl
125 ml Gemüsebrühe (Instant)
Salz, frisch gemahlener weißer Pfeffer
1 Pinselstrich Pflanzenöl
20 g Gorgonzola
2 EL (30 g) Crème légère (15 % Fett)
1 Ei (Kl. M)
3 EL fettarme Milch (1,5 % Fett)
1 Prise Muskatnuss

- Den Grünkernbratling nach Packungsanweisung zubereiten, d.h. mit der angegebenen Flüssigkeit verrühren und quellen lassen.
- Inzwischen Zwiebel- und Knoblauchwürfel in einer beschichteten Pfanne mit 3 Esslöffel Wasser glasig werden lassen. Grünkohl und Gemüsebrühe zugeben, salzen und pfeffern. Den Grünkohl zugedeckt 15 bis 20 Minuten dünsten, dabei gelegentlich umrühren. Die Grünkernmasse unter den Grünkohl rühren.
- Den Backofen auf 200 °C (Umluft 180 °C, Gas Stufe 3–4) vorheizen. Eine Auflaufform leicht einfetten. Den Grünkohl in die Form geben. Den zerkrümelten Käse, Crème légère, Ei und Milch verrühren, mit Muskatnuss würzen. Die Käse-Milch-Masse über dem Auflauf verteilen.
- Den Auflauf im vorgeheizten Backofen auf der zweiten Schiene von unten 35 Minuten backen.

Tipp
Statt Gorgonzola können Sie auch jeden anderen Käse verwenden, z. B. mittelalten Gouda. Den Hartkäse vorher reiben und über den Auflauf streuen. Für den pikanten Geschmack sollte die Käsesorte nicht zu mild sein.

Hirseauflauf mit Gemüse

Für 1 Portion

50 g Hirse
1 TL Pflanzenöl (4 g)
1 EL TK-Zwiebeln, gewürfelt
1 TL TK-Knoblauch, gewürfelt
125 ml Gemüsebrühe (Instant)
1 kleines Lorbeerblatt
Salz, frisch gemahlener weißer Pfeffer
50 g Champignons
1 junge Möhre (80 g)
50 g TK-Erbsen
1 TL Sojamehl
1 Ei (Kl. M)
3 EL Wasser
1 EL TK-Petersilie
1 Msp. Muskatnuss
1 Pinselstrich Pflanzenöl
1 gehäufter TL Parmesan, gerieben (8 g)

- Die Hirse waschen, abtropfen lassen. Öl in einer beschichteten Pfanne leicht erhitzen, Zwiebel- und Knoblauchwürfel und 3 Esslöffel Wasser zufügen, zugedeckt glasig werden lassen. Die Hirse zugeben, umrühren, mit Gemüsebrühe auffüllen und das Lorbeerblatt zugeben. Die Hirse würzen und 15 Minuten zugedeckt quellen lassen.
- Inzwischen Champignons und Möhre putzen. Möhre schälen und grob raspeln, Champignons in Scheiben schneiden. Möhren, Champignons, Erbsen und Sojamehl unter die Hirsemischung geben. Das Lorbeerblatt entfernen.
- Das Ei, Wasser, Petersilie, Salz, Pfeffer und Muskatnuss verrühren und unter das Hirsegemüse rühren.
- Den Backofen auf 220 °C (Umluft 200 °C, Gas Stufe 3–4) vorheizen. Eine Auflaufform leicht einfetten.
- Die Hirsemischung in der Auflaufform verteilen und mit Käse bestreuen. Den Auflauf im vorgeheizten Backofen auf der zweiten Schiene von unten 15 bis 20 Minuten backen.

Info

Hirse gehört zur Familie der Gräser und ist der Sammelbegriff für verschiedene Getreidepflanzen mit kleinen, runden Körnern. Bei uns wird Rispenhirse verwendet. Hirse enthält hauptsächlich Kohlenhydrate, außerdem 11 % Eiweiß, 4 % Fett mit mehrfach ungesättigten Fettsäuren und Vitamine der B-Gruppe, außerdem Magnesium und Kalium. Mit 9 Milligramm je 100 Gramm hat Hirse einen dreimal höheren Eisengehalt als Weizen.

Gemüse-Buchweizen-Auflauf

Für 1 Portion

1 Möhre (80 g)
1 Frühlingszwiebel oder
1 Stück Lauchstange (100 g)
$^1/_2$ EL Pflanzenöl
50 g Buchweizengrütze
Salz, frisch gemahlener weißer Pfeffer
250 ml Gemüsebrühe (Instant)
1 Ei (Kl. M)
50 g Dickmilch (1,5 % Fett)
2 EL TK-Petersilie
1 EL Parmesankäse, gerieben (10 g)

- Möhre und Frühlingszwiebel oder Lauch putzen und waschen. Möhre in Scheiben, Frühlingszwiebel oder Lauch in dünne Ringe schneiden. Öl in einer beschichteten Pfanne erhitzen, das Gemüse darin leicht anbraten.
- Buchweizengrütze mit kaltem Wasser abbrausen, zum Gemüse geben und unter Rühren andünsten. Salzen und pfeffern. Gemüsebrühe zugießen, aufkochen lassen, die Hitze reduzieren und die Buchweizengrütze bei schwacher Hitze 15 Minuten kochen. Zwischendurch umrühren.
- Das Ei trennen. Eigelb, Dickmilch und Petersilie verquirlen und unter die Auflaufmasse rühren. Eiweiß steif schlagen und unter die Masse heben.
- Den Backofen auf 200 °C (Umluft 180 °C, Gas Stufe 3–4) vorheizen. Eine Auflaufform leicht einfetten. Die Auflaufmasse einfüllen und mit Käse bestreuen. Den Auflauf im Backofen auf der zweiten Scheine von unten 20 Minuten backen.

Variante

Statt der einzelnen Gemüse können Sie auch 200 Gramm gemischtes TK-Gemüse verwenden.

Info

Buchweizen gehört zu den Gräsern und wird in der Küche wie Getreide verarbeitet. Buchweizen enthält etwa so viel Eiweiß wie Weizen, etwas weniger Fett und wie Getreide Vitamine der B-Gruppe. Er ist ganz, geschrotet (Grütze), als Mehl oder als Flocken erhältlich.

Polenta-Auflauf mit Tomaten

Für 1 Portion

1 TL TK-Zwiebeln, gewürfelt
250 ml Wasser
1 TL Salz, frisch gemahlener weißer Pfeffer
75 g Maisgrieß (Polenta)
1 Pinselstrich Pflanzenöl
4 EL Tomatenstücke mit Kräutern (z. B. Tomato al Gusto)
30 g Fontina-Käse oder dänischer Butterkäse
1/2 TL kalorienreduzierte Butter (z. B. von Du darfst)

- Zwiebeln in einer beschichteten Pfanne mit 2 Esslöffel Wasser glasig werden lassen. Restliches Wasser zugießen, salzen und pfeffern. Maisgrieß einstreuen und 5 Minuten bei schwacher Hitze unter Rühren kochen. Den Grieß bei ausgeschalteter Kochplatte zugedeckt ausquellen lassen.
- Die Polenta auf die Arbeitsfläche oder ein Brett streichen, abkühlen lassen. Zwei Rollen (∅ 5 cm) formen und in daumendicke Scheiben schneiden.
- Den Backofen auf 220 °C (Umluft 200 °C, Gas Stufe 4–5) vorheizen. Eine Auflaufform leicht einfetten. Die Polentascheiben dachziegelartig einschichten. Erst die Tomatenstücke, dann den Käse darüber verteilen. Die kalorienreduzierte Butter zerlassen und über den Auflauf träufeln. Den Auflauf im Backofen auf der zweiten Schiene von unten 15 Minuten backen.

Info

Polenta (Maisgrieß) wird wie das feine Maismehl aus dem entkeimten Korn gewonnen, dies verbessert die Haltbarkeit. Polenta gibt es grob bis fein geschrotet und gemahlen.

Rosenkohlauflauf mit Hackfleisch

Für 1 Portion

$^1/_2$ Packung TK-Rosenkohlröschen (z.B. von Iglo)
80 g Hackfleisch von der Pute
Salz, frisch gemahlener weißer Pfeffer
Paprikapulver, edelsüß
1 Pinselstrich Olivenöl
1 EL (20 g) Joghurt (1,5 % Fett)
100 ml fettarme Milch (1,5 % Fett) oder Gemüsebrühe
1 EL (15 g) alter Gouda, gerieben
frisches Basilikum
1 Stück Vollkornbaguette (30 g)

Variante
Statt Puten- schmeckt auch Lammhackfleisch sehr gut.

- Rosenkohl nach Packungsanweisung auftauen. Den Backofen auf 200 °C (Umluft 180 °C, Gas Stufe 3–4) vorheizen.
- Das Hackfleisch mit Salz, Pfeffer und Paprika kräftig würzen. Aus dem Fleischteig kleine Bällchen formen.

- Eine Form mit etwas Olivenöl einfetten. Rosenkohlröschen und Hackfleischbällchen in der Form verteilen. Joghurt, Milch oder Brühe mit wenig Salz, Pfeffer und Paprika verrühren und über die Zutaten gießen.
- Den Auflauf im Backofen auf der zweiten Schiene von unten 25 Minuten backen. 5 Minuten vor Ende der Backzeit den geriebenen Gouda darüber streuen und den Auflauf weiter backen, bis der Käse zerläuft. Frische Basilikumblättchen über den Auflauf streuen. Vollkornbaguette dazu essen.

Kartoffel-Zwiebel-Auflauf

Für 1 Portion

250 g Kartoffeln (fest kochend)
Salz
3 Frühlingszwiebeln
1 Pinselstrich Pflanzenöl
frisch gemahlener weißer Pfeffer
75 ml fettarme Milch (1,5 % Fett)
40 g Crème légère (15 % Fett)
1 Ei (Kl. M)
1 TL Parmesan, gerieben (5 g)
1 TL kalorienreduzierte Butter

- Kartoffeln schälen, waschen und in dünne Scheiben schneiden. Kartoffelscheiben in Salzwasser 5 Minuten vorgaren, herausnehmen, gut abtropfen lassen und trockentupfen. Frühlingszwiebeln putzen, waschen und in dünne Ringe schneiden.
- Den Backofen auf 200 °C (Umluft 180 °C, Gas Stufe 3–4) vorheizen. Eine Form leicht einfetten. Kartoffelscheiben und Frühlingszwiebelringe einschichten. Mit Salz und Pfeffer würzen. Milch, Crème légère, Ei, Salz und Pfeffer verrühren, über die Kartoffeln gießen und mit Parmesan bestreuen. Die Butter zerlassen und über die Kartoffeln gießen.
- Den Auflauf im vorgeheizten Backofen auf der zweiten Schiene von unten 25 Minuten backen.

Tipp
Wenn Sie eine Auflaufform mit Butter einfetten, sollten Sie die Form vorher heiß ausspülen, dann verteilt sich das Fett umso dünner.

Püree-Lasagne

Für 2 Portionen

15 g durchwachsener Speck
2 kleine Frühlingszwiebeln
1 TL Maiskeimöl (z. B. von Mazola)
100 g Hackfleisch, gemischt
1 Packung (370 ml) Tomatenstücke mit Champignons (z. B. Tomato al gusto Champignon)
Salz, frisch gemahlener weißer Pfeffer, 1 Prise Zucker
1 TL getrockneter Thymian
125 ml Magermilch (0,5 % Fett)
1 Beutel Kartoffelpüree »das Lockere« (für 3 Portionen, z. B. von Pfanni)
1 Pinselstrich Pflanzenöl
2 EL Crème fraîche (30 % Fett)
60 g kalorienreduzierte Käseraspel (z. B. von Du darfst)

- Den Speck fein würfeln. Frühlingszwiebeln putzen, waschen und in Ringe schneiden. Speckwürfel in einer beschichteten Pfanne in dem Maiskeimöl auslassen, das Hackfleisch zugeben und krümelig braten. Frühlingszwiebelringe zufügen und zugedeckt 4 Minuten dünsten. Die Tomatenstücke unterrühren, kurz aufkochen und die Sauce mit Salz, Pfeffer, Zucker und Thymian würzen.
- 375 ml Wasser mit ½ Teelöffel Salz aufkochen. Den Topf von der Kochstelle nehmen und die kalte Milch dazugießen. Das Püreepulver einrühren. Den Backofen auf 200 °C (Umluft 180 °C, Gas Stufe 3–4) vorheizen.
- Eine Auflaufform leicht einfetten. Schichtweise Püree, Hackfleischsauce, Crème fraîche und Käseraspel in dünnen Lagen einfüllen, mit Käse abschließen. Den Auflauf im Backofen auf der zweiten Schiene von unten 25 bis 30 Minuten backen.

Variante

Würzen Sie statt mit Thymian mit 1 Esslöffel TK-Kräutern der Provence oder italienischen Kräutern.

Brokkoli-Kartoffel-Auflauf

Für 1 Portion

150 g Brokkoliröschen
150 g Kartoffeln
Salz
1 Pinselstrich Pflanzenöl
1 EL (12 g) kalorien reduzierte Butter (z.B. von Du darfst)
1 EL Mehl
125 ml Gemüsefond (Glas)
125 ml heiße fettarme Milch (1,5% Fett)
1 Msp. Paprikapulver, edelsüß
frisch gemahlener weißer Pfeffer
1 Msp. Muskatnuss
30 g kalorienreduzierte Käseraspel (z.B. von Du darfst)

- Brokkoliröschen und Kartoffeln waschen. Die Kartoffeln schälen, in dünne Scheiben schneiden und in reichlich kochendem Salzwasser 10 Minuten vorgaren. Kartoffelscheiben aus dem Kochwasser nehmen, gut abtropfen lassen, auf ein Küchentuch geben und trockentupfen. Brokkoli in das Kochwasser geben und noch 3 Minuten garen. Brokkoli in ein Sieb gießen und abtropfen lassen.
- Den Backofen auf 200 °C (Umluft 180 °C, Gas Stufe 3–4) vorheizen. Eine Auflaufform leicht einfetten.
- Butter in einem Topf zerlassen, das Mehl einrühren und hellgelb anschwitzen. Mit heißer Gemüsefond und Milch aufgießen und unter Rühren 5 Minuten bei schwacher Hitze kochen. Die Bechamelsauce mit Paprika, Salz, Pfeffer und Muskatnuss würzen.
- Kartoffelscheiben und Brokkoliröschen in der Form verteilen, mit Käseraspeln bestreuen. Den Auflauf im Backofen auf der zweiten Schiene von unten 15 Minuten backen.

Variante

Röschen-Wahl: Statt Brokkoli können Sie auch Blumenkohl- oder Romanescoröschen verwenden oder Sie nehmen TK-Mischgemüse (z.B. Brechbohnen, Rosenkohl, Erbsen, Romanesco, Brokkoli).

Ofenkartoffel mit Spinathaube

Für 1 Portion

1 große (200 g) Kartoffel (mehlig kochende Sorte)
Salz
40 g TK-Rahmspinat (z. B. minis von Iglo)
100 g Putenbrustfilet
30 g Maiskörner (Dose)
frisch gemahlener weißer Pfeffer
Paprikapulver, edelsüß
1 TL Parmesankäse, gerieben

- Die Kartoffel in Salzwasser 30 bis 40 Minuten garen. Spinat nach Packungsanleitung auftauen. Putenbrustfilet würfeln.
- Das Öl in einer beschichteten Pfanne erhitzen. Putenbrustwürfel darin leicht anbraten, mit Salz, Pfeffer und Paprika würzen. Maiskörner und Rahmspinat zugeben, 5 Minuten bei schwacher Hitze köcheln.

- Den Backofen auf 200 °C (Umluft 180 °C, Gas Stufe 3–4) vorheizen. Kartoffel abgießen, halbieren und aus jeder Kartoffelhälfte etwas Kartoffelmasse herausnehmen, zerdrücken und unter die Spinat-Mais-Masse mischen. Mischung auf den Kartoffelhälften verteilen, mit Parmesan bestreuen.
- Kartoffelhälften auf dem Grillrost auf der zweiten Schiene von unten 5 bis 7 Minuten überbacken.

Zucchini-Hähnchen-Auflauf

Für 1 Portion

100 g Zucchini, Salz
1 TL kalorienreduzierte Butter (5 g)
1 TL Mehl (4 g)
50 ml Gemüsebrühe (Instant)
2 EL fettarme Milch (1,5 % Fett)
frisch gemahlener weißer Pfeffer
etwas unbehandelte Zitronenschale
150 g Hähnchenbrustfilet
1 Pinselstrich Pflanzenöl
30 g Mozzarella

- Zucchini waschen, in Scheiben schneiden und salzen. Zugedeckt ziehen lassen. Butter zerlassen, Mehl einrühren. Mit Gemüsebrühe und Milch auffüllen, mit Pfeffer und Zitronenschale würzen.
- Hähnchenbrustfilet waschen, trockentupfen und in 1 cm dicke Scheiben schneiden, salzen und pfeffern.
- Den Backofen auf 180 °C (Umluft 160 °C, Gas Stufe 2–3) vorheizen. Eine Auflaufform leicht einfetten.
- Zucchini- und Hähnchenscheiben abwechselnd in die Form geben, die Sauce darüber gießen. Abgetropften Mozzarella in dünne Scheiben schneiden.
- Den Auflauf im Backofen auf der zweiten Schiene von unten 30 Minuten backen. 10 Minuten vor Ende der Garzeit die Mozzarellascheiben darüber verteilen und fertigbacken.

Info

Zerlassen Sie die kalorienreduzierte Butter in einem kleinen Topf, damit die Topffläche für die geringe Fettmenge nicht zu groß ist.

Bohnenauflauf mit Birne und Speck

Für 1 Portion

150 g TK-Brechbohnen
2–3 Stängel frisches Bohnenkraut
Salz
40 g durchwachsener Speck
1/2 TL Pflanzenöl
1 TL TK-Zwiebeln, gewürfelt
1/2 TL TK-Knoblauch, gewürfelt
50 g Gemüsefond (Glas)
200 g Kartoffeln
5 EL Magermilch (0,5 % Fett)
2 EL Wasser
frisch gemahlener weißer Pfeffer
1 Msp. Muskatnuss
1 kleine Birne (140 g)

- Die Bohnen mit 1 Stängel Bohnenkraut in Salzwasser 8 Minuten garen. Speck in sehr dünne Scheiben schneiden. Öl in einer beschichteten Pfanne erhitzen, Zwiebel- und Knoblauchwürfel sowie die Speckscheiben darin unter Wenden glasig werden lassen. Den Gemüsefond angießen und die Bohnen noch 2 Minuten zugedeckt dünsten.
- Kartoffeln schälen, waschen, klein schneiden und in Salzwasser 20 Minuten garen. Abgießen, trockendämpfen und zerstampfen. Milch und Wasser unter die Kartoffelmasse rühren, diese mit Salz, Pfeffer und Muskatnuss würzen.
- Die Birne waschen, schälen und in dünne Spalten schneiden, dabei das Kerngehäuse entfernen. Den Backofen auf 180 °C (Umluft 160 °C, Gas Stufe 2–3) vorheizen. Vom restlichen Bohnenkraut die Blättchen abzupfen. Die Bohnen in eine Form geben, mit den Bohnenkrautblättchen bestreuen. Die Birnenspalten darauf schuppenartig anrichten. Den Kartoffelbrei in einen Spritzbeutel (Zackentülle) geben und auf den Birnen verteilen.
- Den Auflauf im vorgeheizten Backofen auf der zweiten Schiene von unten 25 Minuten backen.

Variante
Apfel statt Birne bringt eine neue Nuance in den Auflauf. Verwenden Sie dann statt des Bohnenkrauts Petersilie, frisch oder tiefgefroren.

Karls Überraschung

Für 1 Portion

50 g Makkaroni-Nudeln
Salz
30 g gekochter Schinken (ohne Fettrand)
80 ml fettarme Milch (1,5 % Fett)
3 EL saure Sahne (10 % Fett)
1 TL Mehl
1 Ei (Kl. M)
frisch gemahlener weißer Pfeffer
1 Pinselstrich Pflanzenfett für die Form
1 EL (20 g) kalorienreduzierte Käseraspel (z. B. von Du darfst)

- Makkaroni in kleine Stücke brechen und in reichlich gesalzenem Wasser nach Packungsanweisung bissfest garen. Auf einem Sieb abgießen und sehr gut abtropfen lassen.
- Den Schinken klein würfeln. Milch, saure Sahne, Mehl und Ei verrühren und mit Salz und Pfeffer würzen.
- Eine feuerfeste Form wenig einfetten. Den Backofen auf 200 °C (Umluft 180 °C, Gas Stufe 3–4) vorheizen.
- Makkaroni und Schinken abwechselnd in die Form schichten, zwischendurch leicht pfeffern. Die Sahnemischung über den Auflauf gießen. Obenauf mit den Käseraspeln bestreuen.
- Den Auflauf in den vorgeheizten Backofen auf die zweite Schiene von unten schieben und 25 Minuten backen.

Info

Dieser Auflauf heißt im Volksmund »Schinkenbegräbnis«. Jedoch kein Grund Trübsal zu blasen. Der Auflauf schmeckt nämlich sehr gut.

Variante

Statt saurer Sahne, Mehl und Ei können Sie auch 100 Milliliter fettarme Milch erhitzen und darin 1 Ecke (25 g) kalorienreduzierten Schmelzkäse (z. B. Schmelzli von Du darfst) auflösen und über die Makkaroni-Schinken-Masse gießen. Dann hat der Auflauf nur 375 Kalorien.

Paprika-Mais-Gratin

Für 1 Portion

1 rote Paprikaschote (250 g)
1 TL TK-Zwiebeln, gewürfelt
1 TL TK-Knoblauch, gewürfelt
150 g Kidneybohnen
100 g Maiskörner (Dose)
1 Ei (Kl. M), 1 EL Mehl
Salz, frisch gemahlener weißer Pfeffer
1 TL Kräuterbutter Mexiko (z. B. von Meggle)

- Paprikaschote putzen, waschen, vierteln, dabei den Stielansatz und die weißen Kerne entfernen. Paprikaviertel klein würfeln. Zwiebel-, Knoblauch- und Paprikawürfel in einer beschichteten Pfanne mit 2 Esslöffel Wasser zugedeckt 6 Minuten dünsten.
- Den Backofen auf 200 °C (Umluft 180 °C, Gas Stufe 3–4) vorheizen. Kidneybohnen und Mais abtropfen lassen. Bohnen zu den Paprikawürfeln geben. Mais mit dem Pürierstab fein zerkleinern, mit dem Ei und Mehl verrühren. Die Paprika-Bohnen-Mischung unterheben, salzen und pfeffern.
- Eine Auflaufform mit der Kräuterbutter einfetten, die Zutatenmischung darin verteilen. Das Gratin im Backofen auf der mittleren Schiene 30 Minuten backen.

Info
Kidneybohnen sind mittelgroße, dunkelrote, nierenförmige Bohnen aus Mittelamerika. Die eiweißreichen Hülsenfrüchte sind vor allem für die Verwendung als Chili con carne bekannt.

Kartoffel-Rosmarin-Gratin

Für 1 Portion

200 g kleine neue Kartoffeln
Salz
1 Zweig Rosmarin
1 TL TK-Knoblauch, gewürfelt
1 EL Olivenöl
frisch gemahlener weißer Pfeffer
4 EL Tomatenstücke mit Kräutern
2 EL TK-Schnittlauch
2 TL Zitronensaft
5 schwarze Oliven, entsteint (15 g)
50 g kalorienreduzierter Camembert (z. B. von Du darfst)

Tipp
Den Camembert etwa 30 Minuten vorher aus dem Kühlschrank nehmen, damit er schön weich ist.

- Die Kartoffeln gründlich abbürsten und mit Schale in reichlich Salzwasser 10 Minuten garen, abgießen und trockentupfen. Rosmarinnadeln abzupfen und fein schneiden. Mit Knoblauch und Olivenöl verrühren, salzen und pfeffern.
- Die Kartoffeln halbieren oder vierteln, in der Rosmarin-Knoblauch-Mischung schwenken und mit der Schnittfläche nach oben in einer feuerfesten Form verteilen.
- Den Backofen auf 220 °C (Umluft 200 °C, Gas Stufe 3–4) vorheizen.
- Tomatenstücke, Schnittlauch und Zitronensaft verrühren und über die Kartoffeln geben. Das Gratin im vorgeheizten Backofen auf die zweite Schiene von unten schieben und 12 bis 15 Minuten backen.
- Die Oliven und den Käse fein würfeln und 5 Minuten vor Ende der Backzeit auf dem Gratin verteilen.

Gnocchi mit Spinat gratiniert (Foto)

Für 2 Portionen

1 Packung TK-Blattspinat (300 g)
1 EL TK-Knoblauch, gewürfelt
Salz
frisch gemahlener schwarzer Pfeffer
Muskatnuss, gerieben
1 Pinselstrich Pflanzenöl
1 Packung Kartoffelgnocchi (z. B. Fresco Gnocchi di patate von Buitoni)
½ Packung Carbonara Sauce (z. B. Fresco Salsa all Carbonara von Buitoni)
1 EL Parmesan, gerieben

- Den Spinat nach Packungsaufschrift auftauen, dünsten und dabei so lange wenden, bis die Flüssigkeit verdampft ist. Knoblauch mit 3 Esslöffel heißem Wasser in einer beschichteten Pfanne glasig werden lassen. Spinat zufügen, mit Salz, Pfeffer und Muskatnuss würzen.
- Den Backofen auf 220 °C (Umluft 200 °C, Gas Stufe 4–5) vorheizen. Eine Auflaufform leicht einfetten. Die Gnocchi in die Form geben. Den Spinat darauf verteilen, die Carbonara-Sauce darüber gießen. Mit Parmesan bestreuen.
- Das Gratin im Backofen auf der zweiten Schiene von unten 12 Minuten goldgelb backen.

Info
Gnocchi di patate mag man nicht nur in Italien, mittlerweile sind sie auch bei uns sehr beliebt. Diese eigenwillig geformten Klößchen werden in der eigenen Küche nur aus mehlig kochenden Kartoffeln, Mehl und Salz zubereitet. Wörtlich übersetzt heißen sie »schlecht gemachte«, denn sie verformen sich beim Garen.

Tomaten-Mozzarella-Gratin

Für 1 Portion

3 EL TK-Italienische Kräuter
1 EL TK-Petersilie
3 EL Semmelbrösel (30 g)
300 g Tomaten
70 g Mozzarella
1 Pinselstrich Pflanzenöl
Saft einer ¼ Zitrone
Salz, frisch gemahlener weißer Pfeffer
1 TL Olivenöl (4 g)

Tipp
Sie können die Tomaten auch vorher häuten. Nur gehen dann auch wertvolle Ballaststoffe verloren.

- Den Backofen auf 170 °C (Umluft 150 °C, Gas Stufe 2) vorheizen. Inzwischen Italienische Kräuter, Petersilie und Semmelbrösel mischen. Tomaten waschen, trockentupfen und in dünne Scheiben schneiden, dabei die Stielansätze entfernen. Mozzarella abtropfen und ebenfalls in dünne Scheiben schneiden.
- Eine Form leicht einfetten und mit etwas Zitronensaft beträufeln. Tomaten- und Mozzarellascheiben schuppenartig darin auslegen, salzen und pfeffern, Olivenöl und restlichen Zitronensaft darüber geben. Die Zutaten mit der Kräuter-Semmelbrösel-Mischung abdecken.
- Das Gratin im Backofen auf der zweiten Schiene von unten 7 Minuten backen.

Kartoffel-Hackfleisch-Gratin

Für 2 Portionen

1 kleine Aubergine
1/2 gelbe Paprikaschote
150 g Tomaten
100 ml Magermilch (0,5 % Fett)
Salz
1/2 Beutel Kartoffelpüree »das Kräftige« (für 3 Portionen, z. B. von Pfanni)
50 g Emmentaler Käse, gerieben
1 EL Keimöl (z. B. von Mazola)
1 TL TK-Zwiebeln, gewürfelt
1/2 TL TK-Knoblauch, gewürfelt
100 g Hackfleisch, gemischt
2 EL Tomatenmark
frisch gemahlener weißer Pfeffer
1 Msp. Zimt, gemahlen
1/2 TL Thymian, gerebelt
1/2 TL Oregano, gerebelt
75 g Crème fraîche (30 % Fett)

- Aubergine, Paprikaschote und Tomaten putzen, waschen und würfeln, dabei die Stielansätze und Kerne entfernen. Milch, 125 Milliliter Wasser und 1 Prise Salz in eine Schüssel geben und die Püreeflocken mit dem Schneebesen einrühren. 25 Gramm Käse unterheben und 5 Minuten stehen lassen.
- Keimöl erhitzen. Zwiebel- und Knoblauchwürfel in einer beschichteten Pfanne glasig werden lassen, Hackfleisch zufügen und krümelig braten. Gemüse und Tomatenmark zufügen und zugedeckt 5 Minuten mitdünsten. Die Mischung mit den Gewürzen abschmecken.
- Den Backofen auf 200 °C (Umluft 180 °C, Gas Stufe 3–4) vorheizen. Hackfleisch-Gemüse-Mischung in eine Auflaufform geben, mit Crème fraîche bestreichen. Das Kartoffelpüree darauf verteilen und mit dem restlichen Käse bestreuen.
- Das Gratin im Backofen auf der zweiten Schiene von unten 20 Minuten überbacken.

Tipp
Wenn es schnell gehen soll, nehmen Sie statt des frischen Gemüses die gleiche Menge tiefgefrorenes Mischgemüse, das Sie je nach Sorte 4 bis 5 Minuten in kochendem Salzwasser vorgaren.

Hoki-Auflauf mit Spinat und Kartoffeln

Für 1 Portion

150 g TK-Hokifilet
100 g TK-Blattspinat
1 EL TK-Zwiebeln, gewürfelt
1 EL TK-Knoblauch, gewürfelt
4 kleine Kartoffeln (200 g)
Salz, weißer Pfeffer
50 ml Kondensmilch (7,5 % Fett)
1 EL kalorienreduzierte Käseraspel

Info
Hoki (auch Blauer Seehecht oder Neuseeländischer Langschwanzseehecht genannt), kommt aus Neuseeland. Ihn gibt es als tiefgefrorenes, praktisch grätenfreies Filet als Naturprodukt im Polybeutel und als mariniertes TK-Produkt. Sein weißes, festes und schmackhaftes Fleisch ist mager, aber dennoch saftig.

- Hokifilet und Spinat auftauen lassen. Zwiebel- und Knoblauchwürfel mit 2 bis 3 Esslöffel Wasser glasig dünsten. Kartoffeln schälen und in Scheiben schneiden. In Salzwasser 10 Minuten vorgaren. Spinat schneiden, zu den Zwiebel- und Knoblauchwürfeln geben, salzen und pfeffern.
- Hokifilet würzen. Den Backofen auf 190 °C (Umluft 170 °C, Gas Stufe 3) vorheizen. Die Hälfte der Kartoffelscheiben schuppen-

artig in die Form legen. Erst Spinat, dann Fischfilet und restliche Kartoffeln einschichten. Mit Kondensmilch begießen.

- Auflauf im Backofen auf der mittleren Schiene 20 Minuten backen. 5 Minuten vor Ende der Backzeit Käse darüber streuen.

Zander-Gratin

Für 2 Portionen

300 g Zanderfilet (frisch oder TK)
1 Pinselstrich Pflanzenöl
1 Paprikaschote (250 g)
1 TL TK-Zwiebeln, gewürfelt
1 EL Olivenöl, Salz
1/2 Beutel Fix für Ratatouille (z. B. von Knorr)
63 ml Magermilch (0,5 % Fett)
1/2 Beutel (38,5 g) Kartoffelpüree »das Lockere«(für 3 Portionen, z. B. von Pfanni)
Margarineflöckchen
25 g Parmesan, gerieben

- Fischfilet trockentupfen (tiefgefrorenes auftauen lassen und häuten). Den Backofen auf 220 °C (Umluft 200 °C, Gas Stufe 2–3) vorheizen. Paprikaschote waschen, putzen und in Streifen schneiden.
- Olivenöl erhitzen, die Zwiebelwürfel und Paprikastreifen zugeben; 3 Minuten dünsten. 125 Milliliter kaltes Wasser zugießen, Ratatouille-Fix einrühren, unter Rühren aufkochen. Zugedeckt 5 Minuten garen.
- 185 Milliliter Wasser und 1 Prise Salz in einem Topf aufkochen, von der Kochstelle nehmen, kalte Milch zugießen, das Püreepulver einrühren.
- Paprikagemüse auf dem Fisch verteilen. Kartoffelpüree auf das Gemüse geben, erst dann Margarineflöckchen und Käse darauf setzen. Im Backofen auf der zweiten Schiene von unten 15 bis 20 Minuten backen.

Variante
Ersetzen Sie die Paprikaschote durch 2 Zucchini.

Tomaten-Fisch-Auflauf mit Kartoffel-Erbsen-Püree

Für 1 Portion

150 g frisches Seehechtfilet oder TK-Hokifilet
Saft von $^{1}/_{2}$ Zitrone
1 Pinselstrich Pflanzenöl
125 g Kirschtomaten
2 kleine Frühlingszwiebeln
frisch gemahlener weißer Pfeffer
5 EL Gemüsebrühe (Instant)
1 EL (20 g) kalorienreduzierte Käseraspel (z. B. von Du darfst)
150 g Kartoffeln
Salz
75 g TK-Erbsen
30 ml fettarme Milch (1,5 % Fett)
1 TL (5 g) kalorienreduzierte Butter
1 Prise Muskatnuss

Info
Der Seehecht tummelt sich in der Nordsee, im Nordatlantik und im Mittelmeer. Sein Körper ist langgstreckt und schlank, die Rückenseite schwarzgrau oder bräunlich gefärbt, die Flanken silbergrau. Das Fleisch ist weiß und recht mager.

- Das Fischfilet (tiefgefrorenes Hokifilet im Kühlschrank zugedeckt über Nacht auftauen) waschen, trockentupfen und in Stücke schneiden. Fischwürfel mit Zitronensaft beträufeln.
- Eine Form einfetten. Den Backofen auf 200 °C (Umluft 180 °C, Gas Stufe 3–4) vorheizen. Tomaten und Frühlingszwiebeln waschen. Tomaten in Scheiben schneiden, dabei die Stielansätze entfernen, Frühlingszwiebeln in Ringe schneiden.
- Fischwürfel in die Form geben. Brühe, Tomatenscheiben, Frühlingszwiebelringe und Käseraspel darüber verteilen. Die Form im Backofen auf der mittleren Schiene 15 bis 20 Minuten backen.
- Inzwischen die Kartoffeln waschen, schälen, in Scheiben schneiden und in reichlich Salzwasser 7 Minuten vorgaren; die Kartoffelscheiben aus dem Wasser heben, gut abtropfen lassen, abgießen. Die Erbsen im Kartoffelwasser 3 Minuten garen und auf einem Sieb abgießen.
- Milch und Butter erhitzen. Kartoffelscheiben und Erbsen mit dem Pürierstab zu Püree rühren. Heiße Milch unterrühren, das Püree mit Salz, Pfeffer und Muskat kräftig abschmecken. Das Fischfilet mit dem Kartoffel-Erbsen-Püree anrichten.

Matjesauflauf

Für 2 Portionen

2 Matjesfilets (je 160 g)
250 g Kartoffeln, Salz
25 g durchwachsener Speck
2 EL TK-Zwiebeln, gewürfelt
1 Pinselstrich Pflanzenöl
1/2 Packung (125 ml) Schinken-Sahne-Sauce (z. B. von Thomy)
2 TL Semmelbrösel
2 TL (10 g) kalorienreduzierte Butter (z. B. von Du darfst)

Tipp
Pikant: Schneiden Sie 1 Frühlingszwiebel in Ringe und mischen Sie diese unter die Sauce.

- Matjesfilets in Stücke schneiden. Geschälte Kartoffeln in Scheiben schneiden und in Salzwasser 10 Minuten vorgaren lassen.
- Speck würfeln, auslassen. Die Zwiebelwürfel zugeben und zugedeckt 4 Minuten dünsten.
- Den Backofen auf 200 °C (Umluft 180 °C, Gas Stufe 3–4) vorheizen. Die gefettete Form mit Kartoffelscheiben, Speck-Zwiebel-Mischung und Matjesstücken auslegen und mit der Sauce begießen. Semmelbrösel und flüssige Butter obenauf geben.
- Den Auflauf im Backofen auf der zweiten Schiene von unten 30 Minuten backen.

Kartoffelgratin mit Räucherlachs

Für 1 Portion

250 g Kartoffeln, Salz
50 g Räucherlachs
50 g Frischkäse (z. B. von Philadelphia so leicht, 5 % Fett)
30 ml fettarme Milch (1,5 % Fett)
40 g kalorienreduzierte Käseraspel

Variante
Ersetzen Sie den Räucherlachs durch Thunfisch (in Wasser, aus der Dose).

- Kartoffeln waschen und 20 Minuten in Salzwasser garen, abgießen, schälen und in Scheiben schneiden. Lachs in Streifen schneiden. Frischkäse und Milch verrühren.

- Den Backofen auf 200 °C (Umluft 180 °C, Gas Stufe 3–4) vorheizen. Kartoffelscheiben, Lachsstreifen und Käseraspel in einer Auflaufform verteilen. Die Frischkäsemischung darüber geben.
- Das Gratin im Backofen auf der zweiten Schiene von unten 20 Minuten backen.

Lachs-Kartoffel-Gratin

Für 1 Portion

150 g Kartoffeln, Salz
4 EL fettarme Milch (1,5 % Fett)
3 EL heißes Kartoffelwasser
frisch gemahlener weißer Pfeffer
Muskatnuss, 1 Frühlingszwiebel
1 EL TK-Zwiebeln, gewürfelt
1 TL TK-Knoblauch, gewürfelt
20 g Champignonstücke (Dose)
150 g Lachsfilet
1 Pinselstrich Pflanzenöl
2 TL kalorienreduzierte Butter
(10 g), 1 EL TK-Dill

- Kartoffeln klein schneiden und in Salzwasser 20 Minuten garen. Kartoffeln abgießen und zerstampfen. Milch und Kartoffelwasser unterrühren und mit Salz, Pfeffer und Muskatnuss kräftig würzen und warm stellen.
- Frühlingszwiebel putzen, waschen und in feine Ringe schneiden. In einer beschichteten Pfanne die Zwiebel- und Knoblauchwürfel glasig werden lassen, die Champignons zufügen und 4 Minuten dünsten. Frühlingszwiebelringe unterheben.
- Den Backofen auf 200 °C (Umluft 180 °C, Gas Stufe 3–4) vorheizen. Lachsfilet in Streifen schneiden und mit den Champignons mischen. Kartoffelpüree in die gefettete Auflaufform geben, in die Mitte eine Mulde drücken, die Lachs-Champignon-Masse und zerlassene Butter darüber verteilen.
- Das Gratin im Backofen auf der zweiten Schiene von unten 15 Minuten überbacken. Mit Dill bestreut servieren.

Variante
Ersetzen Sie die Champignons durch Mischpilze aus der Dose.

Nudelauflauf mit Fischfilet

Für 2 Portionen

Tipp
Fragen Sie bei Ihrem Fischfachhändler nach Fischabschnitten. Diese kleinen Fischstücke bleiben beim Schneiden von Filet übrig und eignen sich sehr gut für diesen Auflauf.

50 g kleine Muschelnudeln, Salz
224 g TK-Blattspinat (z.B. Portionsstücke von Iglo)
1 TL (5 g) kalorienreduzierte Butter (z.B. von Du darfst)
2 EL TK-Zwiebeln, gewürfelt
125 g Tomatenstücke (Packung)
1 Prise Knoblauchpulver
frisch gemahlener weißer Pfeffer
1 Pinselstrich Pflanzenöl
250 g Fischfilet (z.B. Scholle, Seelachs, Rotbarsch)
1 Ei (Kl. L)
70 g Schlagsahne

- Die Nudeln in Salzwasser bissfest garen, in ein Sieb gießen und abtropfen lassen. Blattspinat nach Packungsanweisung auftauen, die Flüssigkeit dabei verdunsten lassen, grob hacken.
- Butter in einer beschichteten Pfanne zerlassen, die Zwiebeln darin glasig werden lassen. Tomatenwürfel zufügen, kurz mitdünsten, den Spinat unterheben und mit Knoblauchpulver, wenig Salz und Pfeffer würzen.
- Den Backofen auf 200 °C (Umluft 180 °C, Gas Stufe 3–4) vorheizen. Eine Form leicht einfetten. Fischfilet waschen, trockentupfen, eventuelle Gräten entfernen. Den Fisch in Streifen oder Würfel schneiden, salzen und pfeffern.
- Die Hälfte der Nudeln in der Auflaufform verteilen. Die Spinat-Tomaten-Mischung darüber geben. Die Fischstücke darauf anordnen und mit den restlichen Nudeln abdecken. Das Ei, Sahne, Salz und Pfeffer verrühren und über die Zutaten geben.
- Den Auflauf im Backofen auf der zweiten Schiene von unten 20 bis 25 Minuten backen.

Curry-Fisch-Gratin

Für 1 Portion

180 g Fischfilet (z. B. Seelachs)
Saft von 1/2 Zitrone
100 g Möhren
2 kleine Frühlingszwiebeln
1 Pfirsichhälfte (Dose)
1 TL (5 g) kalorienreduzierte Butter (z. B. von Du darfst)
Salz, frisch gemahlener weißer Pfeffer
2 EL TK-Petersilie
1 Pinselstrich Pflanzenöl
1/2 Packung (125 ml) Auflauf-Sahnesauce (z. B. von Thomy)
2 TL milder Curry

- Das Fischfilet waschen, trockentupfen und mit Zitronensaft beträufeln. Gemüse putzen und waschen. Möhren in Scheiben, Frühlingszwiebeln in Ringe schneiden. Abgetropfte Pfirsichhälfte halbieren und in Spalten schneiden.
- Butter in einer beschichteten Pfanne erhitzen, die Möhrenscheiben darin unter Wenden 5 Minuten dünsten, die Pfirsichspalten zufügen. Salzen, pfeffern und die Petersilie unterheben.
- Eine Auflaufform leicht einfetten. Den Backofen auf 220 °C (Umluft 200 °C, Gas Stufe 4–5) vorheizen. Die Auflaufsauce mit Curry verrühren. Den Fisch in die Form geben, das Gemüse darauf verteilen und mit der Sauce bedecken.
- Das Gratin im Backofen auf der mittleren Schiene 20 Minuten backen.

Tipp
Statt des Pfirsichs können Sie auch 2 bis 3 kleine Aprikosenhälften verwenden.

Tipp
Den Hummerfond können Sie auch durch Fisch- oder Gemüsefond ersetzen.

Seelachsfilet auf Kartoffel-Kürbis-Gemüse

Für 1 Portion

250 g Kürbisfleisch (z. B. Hokkaido)
150 g Kartoffeln
150 g Seelachsfilet
2 EL TK-Italienische Kräuter
Salz, frisch gemahlener weißer Pfeffer
2 EL (30 g) Crème légère (15 % Fett)
1 Eigelb (Kl. S)
1 TL (5 g) kalorienreduzierte Butter (z. B. von Du darfst)
100 ml Hummerfond (aus dem Glas)
25 ml Weißwein

- Das Kürbisfleisch von den Kernen befreien, das Fruchtfleisch klein schneiden. Kartoffeln waschen, schälen und würfeln. Seelachsfilet waschen, trockentupfen und mit 1 Esslöffel der Kräuter, Salz und Pfeffer bestreuen und zusammenrollen.
- Den Backofen auf 200 °C (Umluft 180 °C, Gas Stufe 3–4) vorheizen. Crème légère, Eigelb und restliche Kräuter verrühren. Butter in einem Topf erhitzen, Kartoffelwürfel und Kürbisstücke darin zugedeckt dünsten, salzen und pfeffern. Hummerfond und Weißwein angießen und zugedeckt 3 Minuten dünsten.
- Gemüse und Seelachsrolle in eine Auflaufform geben. Die Crème-légère-Masse darüber verteilen und im Backofen auf der zweiten Schiene von unten 20 Minuten backen.

Variante
Statt Zwetschgen schmecken auch Schattenmorellen, Aprikosen oder Pfirsiche sehr gut.

Zwetschgen-Milchreis-Auflauf

Für 1 Portion

200 g ungesüßte Zwetschgen (aus dem Glas)
1 Ei (Kl. M)
6 Tropfen flüssiger Süßstoff
1 TL abgeriebene Schale einer unbehandelten Zitrone
1 Becher (200 g) Milchreis natur (aus dem Kühlregal)
1 TL Zitronensaft
1 Pinselstrich Pflanzenöl
1 TL (5 g) kalorienreduzierte Butter (z. B. von Du darfst)

- Die Zwetschgen abtropfen und die Zwetschgenhälften noch einmal halbieren. Das Ei trennen. Eigelb mit 3 Tropfen Süßstoff schaumig rühren, Zitronenschale zugeben und unter den Milchreis heben. Eiweiß mit Zitronensaft und restlichem Süßstoff steif schlagen. Die Hälfte des Eischnees unter den Reis heben.
- Eine Auflaufform leicht einfetten. Den Backofen auf 180 °C (Umluft 160 °C, Gas Stufe 2–3) vorheizen. Abwechselnd Zwetschgen und Reis in der Form verteilen. Den Auflauf mit dem restlichen Eischnee überziehen.
- Den Auflauf im Backofen auf der zweiten Schiene von unten 15 bis 20 Minuten backen.

Ofenschlupfer

Für 1 Portion

1 Brötchen (30 g)
1 kleiner Apfel (125 g)
1 EL Zitronensaft
1 Pinselstrich Pflanzenöl
$^1/_2$ EL Mandelblättchen (5 g)
1 Ei (Kl. M)
100 ml fettarme Milch (1,5 % Fett)
1 TL Fruchtzucker (10 g)
1 Prise Vanillinzucker
50 g Magerquark
7 g Puddingpulver mit Vanillegeschmack

- Das Brötchen in dünne Scheiben schneiden. Den Apfel waschen, vierteln und entkernen. Apfelviertel in dünne Scheiben schneiden und mit Zitronensaft beträufeln.
- Den Backofen auf 170 °C (Umluft 150 °C, Gas Stufe 2) vorheizen. Eine runde Auflauf- oder Tarteform (20 cm ∅) leicht einfetten. Die Apfelspalten darin kreisförmig auslegen, die Mandeln darüber streuen.
- Das Ei mit 50 Milliliter Milch, 2 Esslöffel Wasser, der Hälfte des Fruchtzuckers, Vanillinzucker und Magerquark verrühren und über die Brötchenmasse verteilen.
- Den Auflauf im Backofen auf der zweiten Schiene von unten 25 Minuten backen.
- Inzwischen das Puddingpulver mit 1 Teelöffel Wasser verrühren. Restliche Milch (50 ml) in einem kleinen Topf erhitzen und die angerührte Puddingpulverflüssigkeit einrühren. Bei schwacher Hitze 1 Minute kochen lassen.
- Den Auflauf aus dem Backofen nehmen, leicht abkühlen lassen und mit der Vanillesauce servieren.

Variante

Ersetzen Sie den Apfel durch 1 Birne. Mit gemischtem, abgetropftem Obst, z. B. Fruchtcocktail aus der Dose, bekommt der Ofenschlupfer eine andere Note.

Tipp

Wer es süßer mag, kann dem Fruchtzucker noch einige Tropfen Süßstoff zufügen.

Reisauflauf mit Pfirsich

Für 2 Portionen

250 ml fettarme Milch (1,5 % Fett)
1/2 Beutel Milchreis (z. B. von Mondamin)
125 g Pfirsiche (Dose)
1/2 Packung Brotaufstrich Légère mit Joghurt (z. B. von Brunch)
1 Ei (Kl. S)
12 g Kokosraspel
1 Msp. Vanillinzucker
1 Pinselstrich Pflanzenöl

Info
Brunch Légère mit Joghurt ist ein cremig-frischer Brotaufstrich und enthält nur 15 % Fett. In der wiederverschließbaren 200-Gramm-Schale ist die Aufbewahrung problemlos.

- Die Milch in einem Topf sprudelnd aufkochen. Topf von der Kochstelle nehmen, den Milchreis nach Packungsanweisung zubereiten, 10 Minuten ruhen lassen.
- Die Pfirsiche abtropfen lassen und klein schneiden. Den Backofen auf 200 °C (Umluft 180 °C, Gas Stufe 3–4) vorheizen. Brotaufstrich, Ei, Kokosraspel und Vanillinzucker schaumig schlagen. Milchreis und Pfirsichwürfel unterheben.
- Eine Form leicht einfetten, Milchreis in die Form geben und im Backofen auf der mittleren Schiene 20 bis 25 Minuten backen.

Apfel-Reis-Auflauf

Für 1 Portion

1 Ei (Kl. M)
1 Becher (200 g) Milchreis natur (aus dem Kühlregal)
1 kleiner Apfel (100 g)
500 ml Wasser
Saft von 1 Zitrone
1 Pinselstrich Pflanzenöl
1 TL (10 g) kalorienreduzierter Fruchtaufstrich (Erdbeere)
1 EL Mandeln, gehackt (10 g)
1 TL (5 g) kalorienreduzierte Butter (z. B. von Du darfst)

- Das Ei trennen. Eigelb und Milchreis verrühren. Eiweiß steif schlagen, unter den Reis heben. Apfel schälen, das Kerngehäu-

se ausstechen. Wasser und Zitronensaft aufkochen. Den Apfel darin bei mittlerer Hitze 5 bis 8 Minuten vorgaren, herausnehmen, trockentupfen und quer halbieren.

- Den Backofen auf 180 °C (Umluft 160 °C, Gas Stufe 2–3) vorheizen. Eine Form leicht einfetten. Die Apfelhälften hineinsetzen und mit dem Fruchtaufstrich füllen.
- Die Milchreismischung um den Apfel herum geben. Den Auflauf mit Mandeln bestreuen, obenauf Butterflöckchen setzen.
- Den Auflauf im Backofen auf der zweiten Schiene von unten 30 Minuten backen.

Variante

Fruchtwechsel: Ersetzen Sie den Apfel durch eine Birne.

Kleine Gerichte – von herzhaft bis süß

Kartoffel-Lauch-Gratin (200 kcal)

Für 6 Portionen

250 g Lauch
1 EL Keimöl (z. B. von Mazola)
375 ml Wasser
1 EL Kräuterlinge zum Streuen »Gartenkräuter«
1 Beutel Kartoffelpüree »das Lockere« (für 3 Portionen, z. B. von Pfanni)
3 Eier (Kl. M)
175 g Magerquark
Salz, frisch gemahlener weißer Pfeffer
Muskatnuss, gerieben
1 Pinselstrich Pflanzenöl
50 g Emmentaler Käse, gerieben

- Lauch putzen, waschen und in Stücke schneiden.
- Keimöl in einer beschichteten Pfanne erhitzen, Lauch darin unter Wenden 3 Minuten zugedeckt dünsten. Das Wasser in einem Topf aufkochen. Kräuterlinge dazugeben. Den Topf vom Herd nehmen und das Püreepulver einrühren.
- Den Backofen auf 200 °C (Umluft 180 °C, Gas Stufe 3–4) vorheizen. Eier trennen. Püree abkühlen lassen, mit Eigelb, Quark und Lauch vermischen und mit Salz, Pfeffer und Muskatnuss würzen. Das Eiweiß steif schlagen und unterheben.
- Eine Auflaufform (26 cm ∅) leicht einfetten. Die Lauchmasse einfüllen, den Käse darüber streuen. Im Backofen auf der zweiten Schiene von unten 20 Minuten backen.

Info

Lauch ist ein »schlankes« Gemüse. Er enthält wie alle Zwiebelgewächse die Mineralstoffe Kalium, Calcium und Eisen. Erwähnenswert: Vitamin B_6, Niacin sowie Vitamin K, Provitamin A (Betacarotin) und Vitamin C. Sehr gesund sind die schwefelhaltigen ätherischen Öle, die Allyl-Senföle, die auch den Geschmack geben.

Kartoffel-Moussaka (300 kcal)

Für 2 Portionen

Tipp
Sie können den Zucchino auch mit einem Sparschäler in dünne Scheiben schneiden.

200 g Kartoffeln, Salz
2 TL Olivenöl
1 EL TK-Zwiebeln, gewürfelt
1 EL TK-Knoblauch, gewürfelt
125 g Lammhackfleisch
40 ml Rotwein
2 EL Tomatenstücke (z. B. Tomato al Gusto)
1 Prise getrockneter Majoran
frisch gemahlener weißer Pfeffer
1 Zucchino (130 g)
1/2 Packung (125 g) Käse-Sahne-Sauce (z. B. von Thomy)
1 Pinselstrich Pflanzenöl
1 EL (20 g) kalorienreduzierte Käseraspel (z. B. von Du darfst)

- Kartoffeln schälen, waschen, in dünne Scheiben schneiden und in kochendem Salzwasser 4 Minuten garen. In einem Sieb vorsichtig abgießen und abtropfen lassen.
- Olivenöl in einer beschichteten Pfanne erhitzen, die Zwiebel- und Knoblauchwürfel darin glasig werden lassen. Lammhackfleisch zufügen und krümelig braten. Wein, Tomatenstücke und Majoran zufügen. Die Masse kräftig salzen und pfeffern und etwa 3 Minuten dünsten.
- Zucchino putzen, waschen, die Enden abschneiden. Zucchino längs in dünne Scheiben schneiden. Die Zucchinischeiben in einer beschichteten Pfanne bei mittlerer Hitze goldgelb anbraten, 3 Esslöffel Wasser zugeben und zugedeckt 3 Minuten dünsten.
- Die Käse-Sahne-Sauce verrühren. Eine Auflaufform leicht einfetten. Den Backofen auf 200 °C (Umluft 180 °C, Gas Stufe 3–4) vorheizen. Die Kartoffelscheiben schuppenartig in die Form geben, etwas Sauce und die Hackfleischmasse darauf verteilen. Restliche Kartoffel- und Zucchinischeiben darüber legen. Mit restlicher Sauce und den Käseraspeln abdecken.
- Den Auflauf im Backofen auf der zweiten Schiene von unten 25 Minuten backen.

Pilz-Kartoffel-Gratin (200 kcal)

Für 1 Portion

200 g mittelgroße Champignons
1 EL (12 g) kalorienreduzierte Butter (z. B. von Du darfst)
1 EL TK-Zwiebeln, gewürfelt
1 TL Tomatenmark
3 EL Rotwein
3 EL Gemüsebrühe (Instant)
Salz, frisch gemahlener weißer Pfeffer
150 g Kartoffeln
1 EL TK-Petersilie
1 gehäufter TL Parmesan, gerieben (8 g)

Varianten

Mischen Sie zusätzlich 1 Teelöffel Kapern unter die Pilze. Statt der Champignons können Sie auch Mischpilze aus der Dose verwenden.

- Champignons putzen, mit Küchenpapier abtupfen und halbieren. Die Hälfte der Butter in einer Pfanne zerlassen, darin die Zwiebeln zugedeckt glasig werden lassen, Champignons zufügen und unter Wenden zugedeckt 4 Minuten dünsten. Tomatenmark, Rotwein und Gemüsebrühe zufügen. Salzen und pfeffern und in einer Auflaufform verteilen.
- Kartoffeln waschen, schälen und in Scheiben schneiden. In kochendes Salzwasser geben und 5 Minuten kochen lassen, herausnehmen, gut abtropfen lassen, auf ein Küchentuch geben und trockentupfen.
- Den Backofen auf 200 °C (Umluft 180 °C, Gas Stufe 3–4) vorheizen.
- Restliche Butter zerlassen, die Pfanne vom Herd nehmen, Petersilie zufügen.
- Kartoffeln schuppenartig auf den Pilzen anordnen, mit wenig Salz bestreuen, die Petersilienbutter darüber geben. Mit Parmesan bestreuen.
- Das Gratin im Backofen auf der zweiten Schiene von unten 20 Minuten backen.

Ratatouille-Gratin (300 kcal)

Für 1 Portion

je 1 kleine Aubergine, Paprikaschote, Zucchino und Tomate
Salz
1 EL Olivenöl
2 EL TK-Zwiebeln, gewürfelt
1 TL TK-Knoblauch, gewürfelt
frisch gemahlener weißer Pfeffer
5–6 Nadeln Rosmarin
1 gehäufter EL Parmesan, gerieben (25 g)
3 EL TK-Basilikum

- Gemüse putzen und waschen. Aubergine in Scheiben schneiden und halbieren. Beidseitig mit Salz bestreuen und einziehen lassen. Restliches Gemüse in Streifen oder Scheiben schneiden. Tomate vierteln, dabei die Stielansätze entfernen, Aubergine ausdrücken.
- Olivenöl in einer beschichteten Pfanne erhitzen, die Zwiebel- und Knoblauchwürfel zufügen und glasig werden lassen. Gemüsestücke nacheinander zugeben und unter Wenden anbraten. Salzen, pfeffern, Rosmarinnadeln zufügen. Zugedeckt bei mittlerer Hitze 10 Minuten schmoren lassen.
- Den Backofen auf 220 °C (Umluft 200 °C, Gas Stufe 4–5) vorheizen.
- Das Gemüse aus dem Topf nehmen, in einer Auflaufform verteilen. Mit Käse bestreuen und im Backofen auf der zweiten Schiene von unten 10 bis 12 Minuten überbacken. Mit Basilikum bestreuen.

Tipps
Hierfür können Sie auch anderes Gemüse je nach Saison verwenden. Sollte die Gemüse groß ausfallen, bereiten Sie die doppelte Menge Ratatouille zu. Eine Hälfte kommt in den Auflauf, die zweite Hälfte essen Sie mit frischen Kräutern aufgepeppt am nächsten Tag als kleine Zwischenmahlzeit kalt.

Gefüllte Paprikaschote überbacken (300 kcal)

Für 1 Portion

Info
Paprikaschoten sind kalorienarm, enthalten Ballaststoffe, Provitamin A, Vitamin E, K, B_6, Folsäure und Vitamin C sowie Kalium und Eisen.

125 g Hähnchenbrustfilet
175 ml Geflügelfond (Glas)
1 grüne Paprikaschote (250 g)
Salz
1 EL (12 g) kalorienreduzierte Butter (z. B. von Du darfst)
10 g Mehl
25 ml fettarme Milch (1,5 % Fett)
25 ml Weißwein
frisch gemahlener weißer Pfeffer
2–3 Tropfen Worcestersauce
etwas abgeriebene Schale einer unbehandelten Zitrone
1 TL TK-Italienische Kräuter
1 EL Parmesankäse, gerieben

- Hähnchenbrustfilet waschen, trockentupfen, in den Geflügelfond geben und zugedeckt darin bei schwacher Hitze 10 Minuten dünsten. Geflügelfond beiseite stellen. Paprikaschote waschen, längs halbieren, dabei den Stiel und die weißen Kerne entfernen. Paprikahälften in reichlich Salzwasser geben und 3 bis 4 Minuten vorgaren. Anschließend in Eiswasser abschrecken.
- Hähnchenfilet aus dem Fond nehmen und fein schneiden. Den Fond anderweitig verwenden oder durchseihen und einfrieren. Den Backofen auf 200 °C (Umluft 180 °C, Gas Stufe 3–4) vorheizen.
- Butter in einer beschichteten Pfanne leicht erhitzen. Mehl einrühren, erst mit Milch, dann mit Weißwein unter Rühren 5 Minuten kochen. Mit Salz, Pfeffer und Worcestersauce kräftig würzen, Zitronenschale und Kräuter unterrühren.
- Das Hähnchenfleisch in die Sauce geben und in die Paprikaschotenhälften geben. Paprikahälften in die Form setzen und 250 Milliliter Wasser angießen. Den Käse über die Paprika streuen. Im Backofen auf der zweiten Schiene von unten 10 bis 12 Minuten backen.

Tomaten-Couscous-Gratin (300 kcal)

Für 1 Portion

2 mittelgroße Tomaten (120 g)
2 Frühlingszwiebeln
1 EL Pflanzenöl
1 TL TK-Zwiebeln, gewürfelt
1/2 TL TK-Knoblauch, gewürfelt
1 TL Zitronensaft
25 ml Gemüsebrühe (Instant)
40 g Couscous, grob
150 ml Tomatensaft
Salz, frisch gemahlener weißer Pfeffer
Paprikapulver, rosenscharf
2 TL TK-Petersilie
1 TL kalorienreduzierte Käseraspel (z. B. von Du darfst)

- Tomaten waschen, einen Deckel abschneiden und das Tomateninnere mit einem Teelöffel herauslösen. Tomaten mit Küchenpapier innen trockentupfen. Frühlingszwiebeln putzen, waschen und in feine Ringe schneiden. Den Backofen auf 200 °C (Umluft 180 °C, Gas Stufe 3–4) vorheizen.
- 1 Teelöffel Öl in einer beschichteten Pfanne erhitzen, Zwiebel- und Knoblauchwürfel darin glasig werden lassen. Frühlingszwiebelringe und Tomatenfleisch zugeben und 3 Minuten mitdünsten.
- Zitronensaft und Brühe verrühren, Couscous zufügen und unter Rühren anschwitzen. Mit dem Tomatensaft aufgießen und bei schwacher Hitze 7 Minuten kochen. Mit Salz, Pfeffer und Paprika würzen, Petersilie unterheben.
- Ausgehöhlte Tomaten mit Salz, Pfeffer und Paprika würzen. Die Couscousmasse einfüllen, mit Käse bestreuen, in eine Form setzen, 5 Esslöffel Wasser angießen. Im Backofen auf der zweiten Schiene von unten 8 bis 10 Minuten backen.

Variante

Statt Couscous können Sie auch 30 Gramm rohen Paella- oder Risottoreis verwenden; er sollte allerdings zuerst nach Packungsanweisung separat gegart werden.

Info

Couscous ist grober Grieß aus Weizen oder Mais, meist vorgekocht. In Nordafrika versteht man unter dieser Bezeichnung jedoch auch Hirse.

Zucchini-Gratin (200 kcal)

Für 1 Portion

350 g Zucchini
Salz, frisch gemahlener weißer Pfeffer
Paprikapulver, edelsüß
1 TL TK-Knoblauch, gewürfelt
1 EL Olivenöl
1 Scheibe Knäckebrot
1–2 EL TK-Petersilie
1 EL Balsamessig

Info
Zucchini lieben starke und aromenreiche Kräuter, wie Basilikum, Liebstöckel oder auch Thymian. Hierfür sind TK-Kräuter, wie Kräuter der Provence, gut geeignet.

- Zucchini waschen, die Enden entfernen. Zucchini mit einer Rohkostreibe in dünne Scheiben hobeln und in einer Gratinform verteilen. Mit Salz, Pfeffer und Paprika würzen.
- Knoblauchwürfel noch feiner hacken und in 1 Teelöffel heißem Olivenöl in einer beschichteten Pfanne glasig werden lassen.
- Den Backofen auf 200 °C (Umluft 180 °C, Gas Stufe 3–4) vorheizen. Knäckebrot zerbröckeln, mit der Petersilie in einen Mixbecher geben und zerkleinern. Diese Mischung auf die Zucchinischeiben geben. Knoblauchwürfel mit dem Bratfett darüber verteilen.
- Essig, Salz, Pfeffer und restliches Öl verrühren und über den Auflauf träufeln. Das Gratin im Backofen auf der zweiten Schiene von unten 20 Minuten backen.

Lachs-Spinat-Gratin mit Reis (200 kcal)

Für 2 Portionen

100 g TK-Blattspinat
63 g Naturreis (z. B. von Reis fit)
80 g Lachsfilet
Saft von 1/2 Zitrone
2 TL (10 g) kalorienreduzierte Butter (z. B. von Du darfst)
Salz, frisch gemahlener weißer Pfeffer
1 Pinselstrich Pflanzenöl
1 EL Pecorinokäse oder Parmesan, gerieben

Info
Pecorino ist Schnitt- oder Hartkäse aus Schafsmilch von pikantem Geschmack. Pecorino romano (Lagerzeit mindestens 8 Monate) wird im Latium, der Pecorino siciliano (Lagerzeit mindestens 4 Monate) auf Sizilien produziert.

- Blattspinat auftauen, das überflüssige Wasser ausdrücken und den Spinat grob schneiden. Naturreis nach Packungsanweisung zubereiten. Lachsfilet würfeln und mit Zitronensaft beträufeln. Den Backofen auf 200 °C (Umluft 180 °C, Gas Stufe 3–4) vorheizen.
- Butter in einem Topf erhitzen, Blattspinat zugeben, salzen und pfeffern. Lachswürfel zufügen, den heißen Reis unterheben und etwa 3 Minuten bei schwacher Hitze ziehen lassen. Mit Pfeffer und Salz abschmecken.
- Eine Auflaufform leicht einfetten. Die Mischung in der Form verteilen und mit dem Käse bestreuen. Das Gratin im Ofen auf der mittleren Schiene 5 bis 7 Minuten backen.

Variante
Bestreuen Sie das Gratin mit geriebenem Emmentaler oder Gouda.

Zucchini mit Krabben überbacken (200 kcal)

Für 2 Portionen

2 Zucchini (300 g)
Salz
2 TL (10 g) kalorienreduzierte Butter (z. B. von Du darfst)
2 TL TK-Zwiebeln, gewürfelt
100 g Crème légère (15 % Fett)
frisch gemahlener weißer Pfeffer
100 g Nordseekrabbenfleisch
3 EL TK-Dill
1 EL Parmesan

Info

Zucchini sind kalorienarm. Außerdem sind sie reich an Mineralstoffen, vor allem Kalium, Magnesium und Eisen. Sie enthalten Vitamin B_1, K, Folsäure und Vitamin C.

- Zucchini putzen, längs halbieren. Fruchtfleisch bis ½ Zentimeter vom Rand mit einem Teelöffel herauslösen, fein würfeln. Zucchinihälften in Salzwasser 8 bis 10 Minuten bissfest garen. Zucchinihälften kurz in Eiswasser abschrecken.
- Den Backofen auf 200 °C (Umluft 180 °C, Gas Stufe 3–4) vorheizen. Zwiebelwürfel in 1 Teelöffel Butter glasig werden lassen. Zucchini zufügen und zugedeckt mitdünsten. Crème légère einrühren, salzen, pfeffern und nochmals 5 Minuten kochen. Krabben und Dill unterheben und in die Zucchinihälften füllen, mit Parmesan bestreuen. Butter in Flöckchen darauf setzen.
- Zucchini in eine Form setzen, 125 Milliliter Wasser einfüllen. Im Backofen auf der mittleren Schiene 5 bis 8 Minuten backen.

Schellfischfilet mit Kräuterkruste (300 kcal)

Für 2 Portionen

150 g Schellfischfilet
2 EL Zitronensaft
7 g Cornflakes
10 g Cashewnüsse, gehackt
1 EL TK-Knoblauch, gewürfelt
2 EL TK-Petersilie
1 Ei (Kl. M)
2 TL (10 g) kalorienreduzierte Butter (z. B. von Du darfst)
Salz, frisch gemahlener weißer Pfeffer
1 rote Paprikaschote (100 g)
1 kleine Möhre (50 g)
30 g TK-Erbsen, 60 g Couscous

- Backofen auf 200 °C (Umluft 180 °C, Gas Stufe 3–4) vorheizen. Fischfilet in eine Form setzen, mit Zitronensaft beträufeln.
- Cornflakes zerbröseln, mit Nüssen, Knoblauch, Petersilie, Ei, 1 Teelöffel Butter mischen, salzen und pfeffern. Fischfilet salzen und pfeffern, Petersilienmasse darauf verteilen. Im Backofen 20 Minuten backen.
- Gemüse putzen. Paprika und Möhre würfeln. Restliche Butter erhitzen, Möhre und 2 Esslöffel Wasser zugeben und zugedeckt 5 Minuten dünsten. Paprika und Erbsen zufügen, weitere 4 Minuten dünsten.
- Couscous nach Packungsanweisung zubereiten, mit dem Gemüse mischen, nach Belieben mit Curry abschmecken. Mit dem Fischfilet anrichten.

Variante

Cashewnüsse durch Erdnüsse ersetzen.

Variante
Statt Estragon können Sie auch frischen Koriander verwenden. Er gibt dem Krabben-Soufflé einen asiatischen Touch.

Krabben-Soufflé (200 kcal)

Für 2 Portionen

100 g Nordseekrabbenfleisch
1/2 Packung (125 ml) Dill-Sahne-Sauce (z. B. von Thomy)
2 Eier (Kl. M)
1 Pinselstrich Pflanzenöl
3 Stiele Estragon
etwas abgeriebene Schale einer unbehandelten Zitrone
Salz, frisch gemahlener weißer Pfeffer
Cayennepfeffer
1 Msp. Koriander, gemahlen

- Den Backofen auf 170 °C (Umluft 150 °C, Gas Stufe 2) vorheizen. Nordseekrabbenfleisch abbrausen, trockentupfen. Eier trennen. Dill-Sahne-Sauce und Eigelb zugeben, alles mit dem Pürierstab fein zerkleinern.
- 4 Auflaufförmchen (je 150 ml Inhalt) leicht einfetten. Estragonblätter fein schneiden und mit Zitronenschale in die Sauce rühren. Mit Salz, Pfeffer, Cayennepfeffer und Koriander pikant abschmecken. Eiweiß steif schlagen und diesen unter die Krabbenmasse heben.
- Die Masse zu drei Viertel in die Auflaufförmchen füllen. Dabei die Form leicht auf die Tischplatte stoßen. Mit einer Messerspitze seitlich am Rand rundherum entlang fahren, damit das Soufflé besser aufgeht.
- Die Förmchen in die mit heißem Wasser gefüllte Fettpfanne setzen und im Backofen auf der zweiten Schiene von unten 20 Minuten backen.

Möhren-Soufflé (200 kcal)

Für 2 Portionen

250 g Möhren
125 ml Gemüsebrühe (Instant)
1 EL (12 g) kalorienreduzierte Butter (z. B. von Du darfst)
2 EL Mehl (16 g)
125 ml fettarme Milch (1,5 % Fett)
Salz
Pfeffer
1 Msp. Kreuzkümmel, gemahlen
einige Tropfen Zitronensaft
2 Eier (Kl. M)
1 Pinselstrich Pflanzenöl

- Den Backofen auf 170 °C (Umluft 150 °C, Gas Stufe 2) vorheizen.
- Möhren putzen, waschen, schaben und in dünne Scheiben schneiden. Mit der Gemüsebrühe in einen Topf geben und zugedeckt 15 Minuten dünsten. Butter leicht erhitzen, Mehl einrühren, mit Milch aufgießen und unter Rühren 5 Minuten kochen.
- Möhren in einem Sieb abgießen, fein pürieren, in die Sauce geben und mit Salz, Pfeffer, Kreuzkümmel und Zitronensaft abschmecken. Das Püree erkalten lassen.
- Die Eier trennen. Das Eigelb in die Sauce rühren, Eiweiß mit einer Prise Salz sehr steif schlagen und unter die Möhrenmasse heben.
- 4 feuerfeste Auflaufförmchen (je 150 ml Inhalt) leicht einfetten. Die Förmchen in die mit heißem Wasser gefüllte Fettpfanne stellen und auf der unteren Schiene 30 bis 40 Minuten backen. Das Soufflé sofort servieren.

Tipp

Soufflés gehen nur dann schön auf, wenn das Eiweiß richtig geschlagen wird. Es sollte nicht schnittfest, sondern luftig, fest und dennoch geschmeidig sein. Luftig wird Eischnee, wenn man ihn langsam in einer weiten Schüssel schlägt. Wird ein elektrischer Schneebesen benutzt, sollte die Geschwindigkeit möglichst niedrig sein.

Brunch-Soufflé (200 kcal)

Für 4 Portionen

150 ml Milch
$^1/_2$ Beutel Puddingpulver Vanille
100 g Brotaufstrich Légère mit Joghurt (z.B. von Brunch)
abgeriebene Schale von $^1/_2$ unbehandelten Zitrone
2 Eiweiß (Kl. S)
1 Pinselstrich Pflanzenöl

Tipp
Dazu passt eine Sauce aus 1 Packung Erd- oder Himbeeren, fein püriert und nach Geschmack mit 4 bis 5 Tropfen flüssigem Süßstoff gesüßt.

- Aus Milch und Puddingpulver nach Packungsanweisung einen Pudding kochen.
- Brotaufstrich und Zitronenschale unterrühren, 10 Minuten ruhen lassen. Den Backofen auf 170 °C (Umluft 150 °C, Gas Stufe 2) vorheizen.
- Eiweiß steif schlagen, unter die Puddingmasse heben. 4 Auflaufförmchen einfetten, die Masse einfüllen. In die mit heißem Wasser gefüllte Fettpfanne auf die zweite Schiene von unten setzen und 20 Minuten backen.

Vanille-Soufflé mit Früchten (200 kcal)

Für 4 Portionen

1 Orange
1 Kiwi
1 Pinselstrich Pflanzenöl
2 cl Vanillelikör
25 g weiche Butter
25 g Mehl
Mark von 1/4 Vanilleschote
125 ml fettarme Milch (1,5 % Fett)
2 Eier (Kl. M)
1 Msp. Salz
15 g Zucker
etwas Puderzucker
4 Butterkekse

- Orange schälen, die Filets mit einem scharfen Messer zwischen den Trennwänden herausschneiden und halbieren. Kiwi schälen, in Scheiben schneiden und ebenfalls halbieren.
- 4 Auflaufförmchen (125 ml Inhalt) leicht einfetten. Die Förmchen mit den Fruchtstücken auslegen und mit Vanillelikör beträufeln.
- Weiche Butter und Mehl verkneten, eine Rolle formen und in Frischhaltefolie gewickelt in den Kühlschrank legen. Vanillemark und -schote in die Milch geben und bei schwacher Hitze aufkochen, die Schote herausnehmen.
- Den Backofen auf 170 °C (Umluft 150 °C, Gas Stufe 2) vorheizen. Eier trennen. Mehlbutter stückchenweise in die Milch rühren. Den Topf vom Herd nehmen, Eigelb einrühren.
- Eiweiß, Salz und Zucker steif schlagen und vorsichtig unter die Eigelbmasse heben.
- Die Masse zu zwei Drittel in die Förmchen füllen und in den vorgeheizten Backofen, untere Schiene, setzen und 20 Minuten backen. Das Soufflé sofort mit Puderzucker bestäuben und mit Butterkeksen servieren.

Tipp

Falls das Soufflé zu braun wird, ein Backblech in die oberste Backofenschiene schieben.

Reis-Kirsch-Auflauf mit Baiserhaube (300 kcal)

Für 2 Portionen

50 g Reis
1 Pinselstrich Pflanzenöl
1 Ei (Kl. M)
1 EL (20 g) Fruchtzucker (aus dem Reformhaus)
50 g Frischkäse (z. B. Philadelphia Balance, 16 % Fett)
25 ml fettarme Milch (1,5 % Fett)
100 g Schattenmorellen (Glas)

- Den Reis nach Packungsanweisung garen. Den Backofen auf 170 °C (Umluft 150 °C, Gas Stufe 2) vorheizen. Eine Auflaufform wenig einfetten.
- Das Ei trennen. Eigelb und etwas Fruchtzucker weißcremig schlagen, Frischkäse und Milch einrühren. Kirschen sehr gut abtropfen, mit dem Reis mischen und in die Form geben.
- Den Auflauf in den vorgeheizten Backofen, zweite Schiene von unten, setzen und 25 Minuten backen.
- Inzwischen Eiweiß und restlichen Fruchtzucker steif schlagen und 5 Minuten vor Ende der Backzeit über den Auflauf verteilen und 5 Minuten unter dem eingeschalteten Grill überbacken.

Tipp
Wer mag, kann auch frische Schattenmorellen verwenden; diese dann in einem Topf mit wenig Wasser und etwa 3 bis 4 Tropfen flüssigem Süßstoff zugedeckt 3 Minuten dünsten.

Variante
Statt der Maiskörner können Sie auch kleine weiße Bohnen aus der Dose (Cannelinibohnen oder Perlbohnen) verwenden. Diese sollten vorher auf einem Sieb abgebraust und gut abgetropft werden.

Spinattoast überbacken (300 kcal)

Für 1 Portion

125 g TK-Blattspinat
1/2 kleine rote Paprikaschote
1/2 TL TK-Zwiebeln, gewürfelt
50 g Maiskörner (Dose)
frisch gemahlener weißer Pfeffer
Kräutersalz
2 Scheiben Vollkorntoastbrot
1 TL (5 g) kalorienreduzierte Butter (z. B. von Du darfst)
2 Scheiben kalorienreduzierter Gouda (z. B. von Du darfst)

- Den Spinat nach Packungsanweisung auftauen. Paprikaschote waschen, entkernen, vierteln und klein würfeln. Blattspinat abtropfen lassen und grob hacken. Spinat mit Zwiebeln, Mais und Paprikawürfeln mischen, mit Pfeffer und Kräutersalz pikant würzen.
- Den Backofen auf 170 °C (Umluft 150 °C, Gas Stufe 2) vorheizen. Brotscheiben toasten, mit Butter bestreichen und in eine flache Form nebeneinander setzen. Spinat-Gemüse-Mischung auf den Brotscheiben verteilen. Die Käsescheiben darauf legen.
- Spinattoast im Backofen auf der mittleren Schiene 12 bis 15 Minuten überbacken.

Toast Clement (200 kcal)

Für 1 Portion

1 Scheibe Roggentoastbrot
1/2 TL TK-Zwiebeln, gewürfelt
1/2 TL TK-Knoblauch, gewürfelt
2 EL Tomatenstücke (z. B. Tomato al Gusto)
Salz, frisch gemahlener weißer Pfeffer
2 EL Käse-Sahne-Sauce (z. B. Les Sauces von Thomy)
1 Scheibe kalorienreduzierter Gouda (z. B. von Du darfst)
1 TL TK-Schnittlauch oder -Petersilie

- Die Brotscheibe hellbraun toasten. Zwiebel- und Knoblauchwürfel mit 2 Esslöffeln Wasser zugedeckt glasig dünsten. Tomatenstücke zufügen, salzen und pfeffern und noch 3 Minuten köcheln lassen.
- Den Backofen auf 200 °C (Umluft 180 °C, Gas Stufe 3–4) vorheizen. Toastscheibe in eine flache Form legen und mit der Tomatenmasse belegen, die Käse-Sahne-Sauce darüber verteilen, mit der Käsescheibe belegen.
- Die Form in den vorgeheizten Backofen, mittlere Schiene, setzen und 5 bis 8 Minuten überbacken, bis der Käse zerläuft. Mit Schnittlauch oder Petersilie garnieren.

Geflügelsandwich (200 kcal)

Für 1 Portion

1 kleine Tomate
1 kleine Kiwi
2 dünne Scheiben Vollkorntoastbrot
1/2 TL kalorienreduzierter Frischkäse mit Buttermilch (z.B. von Du darfst)
1 Radicchioblatt
1 Scheibe kalorienreduzierte Gemüse-Putenbrust (z.B. von Du darfst)
1 Scheibe kalorienreduzierter Gouda (z.B. von Du darfst)

- Die Tomate waschen, in Scheiben schneiden, dabei den Stielansatz entfernen. Kiwi schälen und ebenfalls in Scheiben schneiden. Brotscheiben toasten, mit Frischkäse bestreichen und mit dem Salatblatt belegen.
- Die Gemüse-Putenbrust, Käse, Tomaten- und Kiwischeiben auf eine Toastbrotscheibe legen. Die zweite Toastbrotscheibe darauf setzen, leicht andrücken und diagonal halbieren.

Variante
Den Geflügelsandwich können Sie auch überbacken: dazu 2 Tomaten- und Kiwischeiben auf die zweite Toastscheibe setzen, mit der Gouda-Käsescheibe abdecken und unter dem vorgeheizten Grill etwa 3 bis 5 Minuten überbacken.

Roggentoast mit Schinken (200 kcal)

Für 1 Portion

1 Scheibe gekochter Schinken (30 g), ohne Fettrand
1 gestrichener TL kalorienreduzierte Butter (5 g)
1 Scheibe Roggentoastbrot
frisch gemahlener weißer Pfeffer
2 EL (40 g) kalorienreduzierte Käseraspel (z.B. von Du darfst)

- Den Backofen auf 200 °C (Umluft 180 °C, Gas Stufe 3–4) vorheizen. Schinken fein würfeln und mit der Butter verrühren.
- Brotscheibe hellbraun toasten, die Schinkenmischung darauf verteilen und leicht pfeffern.
- Käseraspel auf dem Toast verteilen, diesen auf einen mit Alufolie bespannten Grillrost setzen und 5 Minuten überbacken.

Toast mit Spiegelei (200 kcal)

Für 1 Portion

1 Scheibe Roggentoastbrot
1 Scheibe gekochter Schinken (15 g), ohne Fettrand
1 Ei (Kl. S)
Paprikapulver, edelsüß
Salz, frisch gemahlener weißer Pfeffer
1 EL (20 g) kalorienreduzierte Käseraspel (z.B. von Du darfst)

- Die Brotscheibe leicht toasten. Den Schinken in einer beschichteten Pfanne ohne Fettzugabe unter Wenden knusprig braten und herausnehmen.
- Den Backofen auf 200 °C (Umluft 180 °C, Gas Stufe 3–4) vorheizen. Das Ei in die Pfanne schlagen, mit Paprika, Salz und Pfeffer bestäuben und zugedeckt je 2 Minuten von der einen Seite, vorsichtig umdrehen und von der anderen Seite braten.

Tipp
Statt das Spiegelei umzudrehen, können Sie auch gleich nach dem Würzen einen Deckel auf die Pfanne legen; so gart das Eiweiß über dem Eigelb auch.

- Das Toastbrot mit dem Schinken belegen, Spiegelei darauf setzen und mit Käseraspeln bestreuen. Auf einem mit Alufolie bespannten Grillrost im Backofen 8 Minuten überbacken, bis der Käse zerläuft.

Gratiniertes Pitta-Brot (200 kcal)

Für 1 Portion

2 kleine Tomaten (80 g)
8 große Kapernfrüchte (Glas)
oder 2 TL kleine Kapern
70 g Mozzarella
1 Pitta-Brot (200 g)
4 EL (80 g) Brotaufstrich Paprika-Peperoni (z. B. von Brunch)
4 Scheiben Parmaschinken (40 g)
frisch gemahlener weißer Pfeffer

- Den Grill des Backofens vorheizen. Tomaten waschen, in Scheiben schneiden, dabei die Stielansätze entfernen. Kapernfrüchte hacken, abgetropften Mozzarella in Scheiben schneiden.
- Das Brot mit dem Aufstrich bestreichen, Schinkenscheiben darauf legen, pfeffern. Die Pitta nacheinander mit Tomatenscheiben, gehackten Kapern und Mozzarellascheiben belegen.
- Das belegte Brot auf einem mit Alufolie bespannten Grillrost auf der mittleren Schiene 5 Minuten gratinieren.

Info
Kapernfrüchte sind die kleinen geschlossenen, unreifen Früchte des Kapernstrauches, der im Mittelmeerraum wild wächst. Kapern gibt es in mehreren Größen: kleine Früchte werden meist in Essig eingelegt, die größeren konserviert man in Salz. Die in Salz eingelegten Kapern müssen bei Verwendung gewässert werden. Die Kapern, ob groß oder klein, gibt es lose und in Gläsern.

Möhren-Orangen-Cremesuppe (200 kcal)

Für 2 Portionen

125 g Möhren
1/2 TL TK-Zwiebeln, gewürfelt
1 1/2 EL Pflanzencreme (z. B. Culinesse von Rama)
180 ml Hühnerkraftbouillon
1 kleine unbehandelte Orange
65 ml Cremefine zum Kochen
Salz, frisch gemahlener weißer Pfeffer
1 Prise Zucker, 1 EL TK-Dill

- Die Möhren schälen und grob würfeln. Mit Zwiebeln in der Pflanzencreme glasig dünsten. Hühnerbouillon zugießen, 15 Minuten garen.
- Orange halbieren, eine Hälfte auspressen, schälen und filetieren. Möhren pürieren. Orangensaft, Cremefine, Gewürze und Dill einrühren. Orangenfilets hineingeben.

Hühnersuppe mit Käse gratiniert (200 kcal)

Für 2 Portionen

½ Beutel Hühnersuppe mit Nudeln
100 g Brotaufstrich Feine Kräuter (z. B. von Brunch)
1 Eigelb (Kl. S)
½ TL Currypulver, mild
1 EL (20 g) kalorienreduzierte Käseraspel (z. B. von Du darfst)

- Den Grill im Backofen vorheizen. Hühnersuppe nach Packungsanweisung zubereiten. Brotaufstrich und Eigelb vermischt in die Suppe rühren. Den Topf vom Herd nehmen, mit Curry abschmecken.
- Die Suppe in 2 feuerfeste Tassen füllen, mit Käse bestreuen und 2 Minuten unter dem Grill überbacken.

Variante

Wenn Sie die Suppe nicht überbacken wollen, lassen Sie den Käse weg und streuen dafür 4 gehackte Zitronenmelisseblättchen obenauf.

Tomatensuppe gratiniert (200 kcal)

Für 1 Portion

2 kleine Frühlingszwiebeln
1 TL Olivenöl
1 Packung Tomatenstücke mit Basilikum (370 ml)
1 Msp. Paprikapulver, edelsüß
125 ml Gemüsebrühe (Instant)
1 EL TK-Basilikum
1 EL (20 g) kalorienreduzierte Käseraspel (z. B. von Du darfst)

- Den Grill im Backofen vorheizen. Frühlingszwiebeln putzen, waschen und in feine Ringe schneiden. Öl in einem Topf erhitzen, die Frühlingszwiebelringe darin glasig dünsten. Die Tomatenstücke zufügen, mit Paprika würzen, umrühren, mit der Brühe auffüllen und 5 Minuten bei schwacher Hitze kochen. Basilikum unterrühren.
- Die Suppe in eine feuerfeste Tasse füllen, mit Käse bestreuen und unter dem vorgeheizten Grill 2 Minuten überbacken.

Imbisse – frisch und leicht

Scharfer Wurstsalat

Für 1 Portion

30 g kalorienreduzierte Fleischwurst (z. B. von Du darfst)
1 kleine Frühlingszwiebel
je $1/4$ gelbe und rote Paprikaschote (100 g)
$1/2$ kleine Chilischote
1 TL Balsamessig
1 Msp. Dijonsenf
Salz, frisch gemahlener weißer Pfeffer
1 TL Olivenöl
1 EL TK-Petersilie
1 kleines Blatt Eisbergsalat

- Die Fleischwurst in feine Würfel schneiden. Die Frühlingszwiebel putzen, waschen und in feine Ringe schneiden. Paprikaschote und Chilischote waschen, entkernen und die Schoten in kleine Streifen schneiden. Achtung! Danach gleich die Hände waschen, nicht mit den Fingern in die Augen fassen.
- Für die Marinade Essig, Senf, Salz, Pfeffer und Olivenöl verrühren und mit den Salatzutaten mischen, die Petersilie unterheben.
- Den Salat auf dem abgebrausten, trockengeschleuderten Salatblatt anrichten.

Tipp

Statt TK-Petersilie können Sie auch die sehr aromatische TK-8-Kräutermischung verwenden, die aus Petersilie, Dill, Kresse, Kerbel, Schnittlauch, Sauerampfer, Borretsch und Pimpernelle besteht.

Schafskäse mit Tomate

Für 1 Portion

2 Würfel Schafskäse (30 g)
2 dicke Scheiben Tomate
1 grüne Olive, entsteint
einige Rosmarinnadeln

- Den Schafskäse auf den Tomatenscheiben anrichten. Die Olive hacken und damit den Schafskäse garnieren. Die Rosmarinnadeln fein hacken und auf dem Käse verteilen.

Info

Schafskäse gibt es als Schnittkäse aus Schafsmilch bzw. Schaf-/Kuhmilchgemisch und als Weichkäse mit weißem, leicht bröckeligem Teig, der in Salzlake reift. Der beliebteste Weichkäse ist der griechische Feta.

Camembert mit Radieschen

Für 1 Portion

1/2 Ecke kalorienreduzierter Camembert (14 % F. i. Tr.)
1/2 Bund Radieschen
1–2 Salatblätter
frisch gemahlener schwarzer Pfeffer

- Camembert in kleine Stücke schneiden. Radieschen putzen, waschen, in Scheiben schneiden und mit den Käsewürfeln auf den abgebrausten, trockengeschwenkten Salatblättern anrichten. Mit Pfeffer aus der Mühle darüber mahlen.

Tatar auf Knäckebrot

Für 1 Portion

50 g Tatar
Zwiebelpulver
1 Msp. Salz, frisch gemahlener weißer Pfeffer
1/2 TL Kapern mit etwas Flüssigkeit
1 Scheibe Knäckebrot, extra dünn
etwas Kresse

Tipp
Tatar, Schabefleisch oder Beefsteakhack besteht aus purem Rindfleisch. Es ist mit maximal 6 % Fett das magerste Hackfleisch.

- Tatar mit Zwiebelpulver, Salz und Pfeffer würzen. Etwas Kapernflüssigkeit untermischen. Kapern grob hacken.
- Das Tatar auf dem Knäckebrot verteilen, mit abgebrauster, trockengeschwenkter Kresse und gehackten Kapern garnieren.

Tomaten-Gurken-Pumpernickel

Für 1 Portion

1 große Tomate
1 Stück Salatgurke (40 g)
3 Pumpernickeltaler
1/2 TL Crème fraîche (30 % Fett)

- Tomate und Gurkenstück waschen und in je drei Scheiben schneiden. Pumpernickeltaler dünn mit Crème fraîche bestreichen und je eine Tomaten- und Gurkenscheibe darauf setzen.

Melone mit Parmaschinken

Für 1 Portion

1/2 Honigmelone
2 hauchdünne Scheiben Parmaschinken

- Die Honigmelone von Schale und Kernen befreien. Das Fruchtfleisch würfeln und mit den Schinkenscheiben anrichten.

Tipp
Feierabend-Laune: Genießen Sie statt der Honigmelone 1 Glas Rotwein (200 ml) zum Parmaschinken.

Senfgurkensuppe

Für 1 Portion

250 g Senfgurken (Glas) mit
125 ml Gurkenflüssigkeit
125 ml Hühnerbrühe (Instant)
3 EL Kondensmilch (4 % Fett)
frisch gemahlener weißer Pfeffer
1 EL TK-Dill

- Senfgurken, Gurkenflüssigkeit und Hühnerbrühe aufkochen. Im Mixer pürieren und die Kondensmilch einrühren. Die Suppe mit Pfeffer abschmecken, den Dill unterrühren.
- Die Suppe 20 Minuten zugedeckt in den Kühlschrank stellen.

Tipp
Statt der Senfgurken können Sie auch Gewürzgurken verwenden. Dann nehmen Sie 300 Gramm, weil Sie die Gurken dünn schälen sollten.

Kalte Gurkensuppe

Für 1 Portion

200 g Salatgurke
2 Becher (250 g) Magermilchjoghurt (0,3 % Fett)
Saft von 1 Zitrone
1 Prise Salz, frisch gemahlener weißer Pfeffer
1/2 TL TK-Knoblauch, gewürfelt
1–2 EL TK-Salatkräuter

- Salatgurke waschen, schälen, die Enden abschneiden und die Gurke fein raspeln. Joghurt, Zitronensaft, Gewürze und Knoblauchwürfel unterrühren.
- Die Gurkensuppe 20 Minuten kühlen, zum Anrichten mit Kräutern bestreuen.

Tipp
Nehmen Sie im Sommer frische Kräuter, wie z. B. Kresse, Pimpernelle, Sauerampfer oder Kerbel.

Rote-Bete-Suppe

Für 1 Portion

200 g Rote Bete
1 Prise Salz
1/2 TL Kümmel
80 g gekochte Kartoffeln
200 ml Hühnerbrühe (Instant)
frisch gemahlener weißer Pfeffer
2 Tropfen flüssiger Süßstoff
2 EL Magermilchjoghurt (0,3 % Fett)
1/2 TL Meerrettich, gerieben
1 TL TK-Schnittlauch

- Rote Bete gründlich waschen, weder Wurzel noch Blattansätze abschneiden. Ganze Blätter abdrehen und entfernen. Die Rote-Bete-Knollen in Salzwasser mit Kümmel etwa 20 Minuten garen.
- Die Knollen herausnehmen, häuten und klein schneiden. Hühnerbrühe in einem Topf erhitzen, Rote-Bete- und Kartoffel-Stücke zufügen, würzen und pürieren. Rote Bete mit Süßstoff abschmecken.
- Joghurt und Meerrettich verrühren, in die Suppe geben. Mit Schnittlauch bestreut genießen.

Info
Rote Bete enthalten neben Zucker und Eiweiß eine Reihe von Mineralstoffen wie Calcium, Kalium, Magnesium, Vitamine der B-Gruppe, Folsäure sowie Vitamin C. Haupterntezeit ist Oktober; im Frühjahr und Frühsommer gibt es zarte, apfelgroße Exemplare mit Grün. Beim Vorbereiten der Roten Bete auf keinen Fall die Schale verletzen. Sie verliert beim Garen wertvollen Saft und ihr Aroma.

Pilzsuppe

Für 1 Portion

120 g Champignons
1 TL Sonnenblumenöl
1 TL TK-Zwiebeln, gewürfelt
125 ml Hühnerbrühe (Instant)
1 EL Magermilchjoghurt (0,3 % Fett)
frisch gemahlener weißer Pfeffer
1 TL TK-Petersilie

- Pilze mit Küchenpapier abreiben und blättrig schneiden.
- Sonnenblumenöl in einer beschichteten Pfanne erhitzen, die Zwiebeln darin glasig dünsten. Die Champignons zugeben, wenden und mit Hühnerbrühe auffüllen.
- 5 Minuten leicht kochen und mit dem Pürierstab zerkleinern. Joghurt zufügen und pfeffern. Petersilie unterrühren.

Info

Champignons enthalten Eiweiß mit essenziellen Aminosäuren, die Vitamine K, D und E, sowie B-Vitamine und Niacin. Außerdem Ballaststoffe (Chintin) und die Mineralstoffe Kalium und Eisen. Champignons müssen, wie andere Pilze, besonders gut gekaut werden, denn sie verbleiben lange im Magen.

Kartoffelsuppe gratiniert

Für 1 Portion

2 Kartoffeln (150 g, mehlig kochende Sorte)
$^1/_2$ Päckchen TK-Suppengrün
$^1/_2$ TL TK-Knoblauch, gewürfelt
250 ml Gemüsebrühe (Instant)
Muskatnuss, gerieben
1 TL Parmesan, gerieben

- Die Kartoffeln schälen, waschen und klein schneiden. In einem Topf Suppengrün und Knoblauchwürfel in 3 Esslöffel Wasser glasig werden lassen.
- Kartoffelstücke zufügen, 2 Minuten mitdünsten, mit Brühe aufgießen, 20 Minuten garen.
- Den Backofen auf 200 °C (Umluft 180 °C, Gas Stufe 3–4) vorheizen. Die Suppe pürieren; mit Muskatnuss würzen. Suppe in eine feuerfeste Suppentasse gießen, mit Käse bestreuen. Im Backofen auf der unteren Schiene 5 Minuten gratinieren.

Tipp

Statt der Knoblauchwürfel können Sie in die Suppe 1 Teelöffel geröstete Zwiebeln (Fertigprodukt) geben.

Spargel-Rucola-Salat mit Putenbrust

Für 1 Portion

Info
Der Frischkäse mit Kräutern enthält ausgewählte frische Kräuter und feine Zwiebelstückchen.

250 g dünner weißer Spargel
Salz
20 g Rucola
30 g Champignons
Schale und Saft von
1 unbehandelten Zitrone
rosa Pfeffer, grob zerstoßen
1 Prise Zucker
1/2 TL Olivenöl
1 Scheibe kalorienreduzierte
Putenbrust (z. B. von Du darfst)
20 g kalorienreduzierter
Frischkäse mit Kräutern
(z. B. von Du darfst)

- Spargel schälen, waschen und die Enden abschneiden. Die Spargelstangen in Salzwasser 6 bis 8 Minuten garen. Rucola abbrausen und trockentupfen.

- Spargelstangen herausnehmen und in mundgerechte Stücke schneiden. 3 Esslöffel Spargelwasser beiseite stellen.
- Champignons putzen und blättrig schneiden. Spargelwasser, abgeriebene Zitronenschale und -saft, Salz, Pfeffer, Zucker und Olivenöl verrühren.
- Putenbrust klein schneiden, mit Spargel, Champignons und der Marinade mischen. Vom Frischkäse eine kleine Nocke abstechen und auf dem Salat anrichten.

Info
Die Rohware für Du-darfst-Produkte kommt von ausgesuchten Produzenten. Fleisch für Wurstwaren, z. B. liefern Landwirte aus der bäuerlichen Erzeugergemeinschaft Schwäbisch Hall, die sich besonders artgerechter und naturnaher Landwirtschaft verschrieben haben.

Schinkensandwich

Für 2 Portionen

2 Scheiben Sandwichtoastbrot
30 g Brotaufstrich Gurke-Dill-Knoblauch (z. B. von Brunch)
60 g Fenchel
3–4 Blätter Rucola
1 mittelgroße getrocknete Tomate (in Öl eingelegt)
3 Scheiben Parmaschinken (30 g)
frisch gemahlener schwarzer Pfeffer

- Die beiden Toastbrotscheiben mit dem Brotaufstrich bestreichen.
- Den Fenchel waschen, trockentupfen und in hauchdünne Scheiben schneiden oder mit der Rohkostreibe hobeln.
- Rucola abbrausen und trockenschwenken. Die Tomate in feine Streifen schneiden.
- Den Parmaschinken auf das Brot legen, darüber kommt der Fenchel. Rucolablätter und Tomatenstreifen obenauf verteilen. Pfeffer darüber mahlen. Darauf die zweite Toastbrotscheibe legen, etwas zusammendrücken und diagonal halbieren.

Errötendes Mädchen

Für 1 Portion

2 Blatt weiße und 1 Blatt rote Gelatine
150 ml Buttermilch (1,5 % Fett)
Saft von 1 Orange
3 Tropfen flüssiger Süßstoff

- Die Gelatine in kaltem Wasser einweichen, ausdrücken und tropfnass in einem kleinen Topf erwärmen und auflösen. Buttermilch und Orangensaft verrühren, mit Süßstoff abschmecken.
- Die lauwarme Gelatineflüssigkeit in die Buttermilch rühren. Die Masse in ein Glasgefäß geben und darin abkühlen lassen, in den Kühlschrank stellen und erstarren lassen.

Rote Grütze mit Milch

Für 1 Portion

1 EL Himbeeren
1 EL Brombeeren
1 EL Schattenmorellen, entsteint
Saft von $^1/_2$ Zitrone
$^1/_2$ TL Mondamin
3 Tropfen flüssiger Süßstoff
3 EL leichte Kondensmilch (3 % Fett)

- Himbeeren und Brombeeren abreiben und zusammen mit den Kirschen, dem Zitronensaft und 125 Milliliter Wasser in einem Topf bei schwacher Hitze aufkochen.
- Mondamin mit etwas Wasser anrühren, zu den Früchten geben, kurz aufkochen. Den Topf vom Herd nehmen, Rote Grütze mit Süßstoff abschmecken, in einem Gefäß abkühlen und im Kühlschrank erstarren lassen.
- Die Rote Grütze mit der Kondensmilch anrichten.

Tipps
Sie können die Beerenfrüchte auch fein pürieren und durch ein Sieb streichen. Ersetzen Sie die Früchte auch einmal durch TK-Waldbeeren.

Mokka-Quark

Für 1 Portion

4 EL Magerquark
2–3 EL Wasser
1 TL lösliches Kaffeepulver
flüssiger Süßstoff

- Magerquark und Wasser verrühren, das Kaffeepulver einrühren. Den Quark mit Süßstoff nach Geschmack süßen.

Fruchtjoghurt mit Knusperflocken

Für 1 Portion

1 Becher Magermilchjoghurt-Dessert, Geschmack nach Wahl (150 g)
1 TL Cornflakes

- Das gekühlte Joghurtdessert in einer Schale anrichten. Die Cornflakes darüber streuen.

Info
Cornflakes sind Maisflocken mit Malz, Zucker und Salz zubereitet. Cornflakes sollten stets trocken aufbewahrt werden.

Pfirsich-Drink

Für 1 Portion

1 kleiner vollreifer Pfirsich
1 TL Traubenzucker (z. B. Dextropur Energen Dextropur plus)
1 TL Zitronensaft
125 ml kohlensäurehaltiges Mineralwasser

- Den Pfirsich waschen, in kochendem Wasser kurz blanchieren, die Haut abziehen und den Pfirsich entsteinen.
- Das Fruchtfleisch mit Traubenzucker und Zitronensaft im Mixer pürieren, in ein Glas gießen und mit Mineralwasser auffüllen.

Putensalat auf Radieschen-Carpaccio

Für 1 Portion

1 TL Walnusskerne, gehackt
1/2 Bund Radieschen, Salz
1/2 Schale kalorienreduzierter Putensalat (z. B. von Du darfst)
frisch gemahlener weißer Pfeffer
1/4 Kästchen Kresse

- Walnusskerne ohne Fettzugabe goldgelb rösten. Beiseite stellen. Die Radieschen putzen, waschen und in dünne Scheiben schneiden.
- Einen Teller mit Radieschenscheiben auslegen, leicht mit Salz bestreuen. Putensalat in der Mitte anrichten und mit Pfeffer würzen.
- Kresse und Walnusskerne über den Salat streuen.

Tipp
Statt Putensalat können Sie auch 100 Gramm Eier-, Krabben- oder Geflügelsalat verwenden. Dann die Walnusskerne weglassen.

Buttermilch-Bananen-Drink

Für 1 Portion

1/2 kleine Banane
150 ml Buttermilch (1,5 % Fett)
1 TL Zitronensaft

- Die Banane schälen. Banane mit Buttermilch und Zitronensaft im Mixer pürieren.

Tipp
Die Buttermilch können Sie durch Fruchtbuttermilch ersetzen. Dann den Zitronensaft weglassen.

Buttermilch-Himbeer-Mix

Für 1 Portion

100 g frische Himbeeren
200 ml Buttermilch (1,5 % Fett) oder Magermilch (0,5 % Fett)

- Die Himbeeren abtupfen und mit der Buttermilch oder Magermilch in einem Mixer pürieren.

Erdbeeren mit gerösteten Mandeln

Für 1 Portion

1 TL Mandelblättchen
150 g Erdbeeren
2 Tropfen Zitronensaft

- Die Mandelblättchen in einer Pfanne ohne Fettzugabe wenden und goldgelb rösten. Abkühlen lassen.
- Die Erdbeeren abbrausen, trockentupfen, die Kelchblätter entfernen. Erdbeeren halbieren oder vierteln und mit Zitronensaft beträufeln. Geröstete Mandeln über die Erdbeeren streuen.

Tipp
Statt Mandelblättchen können Sie auch Sonnenblumenkerne verwenden – frisch oder ebenfalls geröstet.

66 Extras für den kleinen Hunger

Kleine Imbisse mit je 100 Kilokalorien

Gemüse	500 g Tomaten, 500 g Spargel 3 grüne Gurken	2 mittelgroße Kohlrabi (500 g) 400 g Sauerkraut
Obst	2 kleine Äpfel (200 g) 1 große Birne (200 g) 1 mittelgroße Banane (150 g) 2 kleine Orangen (250 g) 2 mittelgroße Grapefruits (500 g) 2 mittelgroße Pfirsiche (250 g) 250 g frische Erdbeeren	250 g frische Himbeeren 250 g frische Johannisbeeren 1 Scheibe (100 g) Ananas, ungesüßt (Dose) 1 mittelgroße Orange und dazu 1 Kiwi
Getränke (1 Glas = 200 ml)	1 Glas Apfelsaft 1 Glas Grapefruitsaft 1 Glas Johannisbeersaft 1 Glas Orangensaft 1 Glas Sauerkirschsaft 1 Glas Limonade 1 Glas Cola 1 Glas Bier 150 ml Rotwein 150 ml Weißwein	125 ml Kakaotrunk (mit Süßstoff gesüßt) Campari-Orange (5 cl Campari mit 100 ml Orangensaft) 2 Gläser Möhrensaft 1 Glas Sojamilch 125 ml Dextro Energy Power Drink (Blutorange-Mango oder Orange-Maracuja)
Joghurt 1 Becher (150 g) Magermilchjoghurt (0,3% Fett)	1 Becher Magermilchjoghurt mit Süßstoff und 125 g Erdbeeren 1 Becher Magermilchjoghurt mit Süßstoff und 1 kleine Orange 1 Becher Magermilchjoghurt mit Süßstoff und 1/2 mittelgroße Banane	1 Becher Magermilchjoghurt mit Süßstoff und 1 EL Apfelmus 1 Becher Magermilchjoghurt mit Süßstoff und 125 g Himbeeren 1 Becher Magermilchjoghurt mit Süßstoff und 125 g Johannisbeere

Suppen
(Fertigprodukte, 250 ml)
mit 1 Kräcker

- 1 Teller Hühner- oder Fleischbrühe mit 1 Ei als Einlage
- 1 Teller Tomatensuppe
- 1 Teller Fleischklößchensuppe
- 1 Teller Brokkolisuppe
- 1 Teller Tomatencremesuppe
- 1 Teller Grießklößchensuppe
- 1 Teller Grünkernsuppe

Snacks

- 1/2 Portion Kartoffelsnack mit Broccoli & Crème fraîche
- 1/2 Portion Kartoffelsnack mit Gartengemüse
- 1/2 Portion Kartoffelsnack mit Frühlingsgemüse
- 1/2 Portion Kartoffelpüree mit Speck und Zwiebeln

Pikantes

- 50 g gewürztes Tatar mit Kresse und Kapern, dazu 1 dünne Scheibe Knäckebrot
- 1 großer Langostino (100 g) mit 3 Tropfen Knoblauchöl
- 2 Würfel Schafskäse mit 2 Tomatenscheiben und 1 Olive
- 1 Feige mit 1 dünnen Scheibe Parma- oder Serranoschinken und 1 Grissino
- 1 Zwieback mit je 1 TL Butter und Sonnenblumenkernen
- 1 kleiner Rollmops
- 1 Tomate mit Fleischsalat (50 g) gefüllt
- 1 gehäufter EL Geflügelsalat
- 1 gehäufter EL Heringssalat
- 5 mit Mandeln gefüllte Oliven
- 1 Ölsardine (30 g)

Sonstiges

- 1 Zwieback mit 1/2 TL Butter und Sonnenblumenkernen
- 1 1/2 Schokoküsse
- 1 kleines Glas Weißwein (100 ml) und 4 Salzbrezeln
- 1 Glas (100 ml) Erdbeerbowle
- 5 Butterkekse
- 1 große Kugel Fruchteis
- 1 EL (20 g) Studentenfutter

Die 4-Wochen-Diät

Vier-Wochen-Speiseplan

Die folgende Rezeptauswahl wurde so zusammengestellt, dass der tägliche Speiseplan 1000 Kalorien umfasst. Sie können nach eigenem Geschmack Ihren Plan zusammenstellen.

Woche 1.

Montag

Frühstück (200 kcal)	Camembertbrot mit Birne (S. 25)
Mittags (400 kcal)	Kartoffel-Wirsing-Auflauf (S. 45)
Abends (200 kcal)	Zucchini-Gratin (S. 90)
Imbiss (je 100 kcal)	Schafskäse mit Tomate (S. 107)
	500 g Tomaten (S. 118)

Dienstag

Frühstück (200 kcal)	Apfel-Joghurt-Müsli (S. 36)
Mittags (400 kcal)	Rosenkohlauflauf mit Hackfleisch (S. 54)
Abends (200 kcal)	Möhren-Soufflé (S. 95)
Imbiss (je 100 kcal)	Camembert mit Radieschen (S. 108)
	1 große Birne oder 2 kleine Äpfel (S. 118)

Mittwoch

Frühstück (200 kcal)	Roggenbrötchen mit Schnittkäse (S. 26)
Mittags (400 kcal)	Karls Überraschung (S. 61)
Abends (200 kcal)	Geflügelsandwich (S. 101)
Imbiss (je 100 kcal)	Tatar auf Knäckebrot (S. 108)
	250 g frische Erdbeeren (S. 118)

Donnerstag

Frühstück (200 kcal)	Bananen-Ananas-Müsli (S.37)
Mittags (400 kcal)	Gnocchi mit Spinat gratiniert (S. 64)
Abends (200 kcal)	Toast Clement (S. 100)
Imbiss (je 100 kcal)	Tomaten-Gurken-Pumpernickel (S. 109)
	200 ml Orangensaft (S. 118)

Freitag	Frühstück (200 kcal)	Graubrot mit Geflügelsülze (S. 27)
	Mittags (400 kcal)	Tomaten-Mozzarella-Gratin (S. 64)
	Abends (200 kcal)	Lachs-Spinat-Gratin mit Reis (S. 90)
	Imbiss (je 100 kcal)	Melone mit Parmaschinken (S. 109) 2 Gläser (je 200 ml) Möhrensaft (S. 118)
Samstag	Frühstück (200 kcal)	Grapefruit-Quark-Müsli (S. 37)
	Mittags (400 kcal)	Tomaten-Fisch-Auflauf mit Kartoffel-Erbsen-Püree (S. 70)
	Abends (200 kcal)	Geflügelsandwich (S. 101)
	Imbiss (je 100 kcal)	Senfgurkensuppe (S. 109), 125 ml Dextro Energy Power Drink (Blutorange-Mango) (S. 118)
Sonntag	Frühstück (200 kcal)	Pikantes Quark-Kräuter-Brot (S. 28)
	Mittags (400 kcal)	Ofenschlupfer (S. 79)
	Abends (200 kcal)	Kartoffel-Lauch-Gratin (S. 83)
	Imbiss (je 100 kcal)	Rote-Bete-Suppe (S. 110), 2 Würfel Schafskäse mit 2 Tomatenscheiben und 1 Olive (S. 119)
Woche 2. Montag	Frühstück (200 kcal)	Limettenquark mit Haferkrokant (S. 39)
	Mittags (400 kcal)	Mangold-Käse-Auflauf (S. 47)
	Abends (200 kcal)	Pilz-Kartoffel-Gratin (S. 85)
	Imbiss (je 100 kcal)	Kalte Gurkensuppe (S. 110) 125 ml Kakaotrunk mit Süßstoff (S. 118)
Dienstag	Frühstück (200 kcal)	Quarkbrot mit Erdbeeren (S. 31)
	Mittags (400 kcal)	Hirseauflauf mit Gemüse (S. 51)
	Abends (200 kcal)	Hühnersuppe mit Käse gratiniert (S. 105)
	Imbiss (je 100 kcal)	Spargel-Rucola-Salat mit Putenbrust (S. 112) 200 ml Sojamilch (S. 118)

Mittwoch

Frühstück (200 kcal)	Feigen-Müsli (S. 40)
Mittags (400 kcal)	Polenta-Auflauf mit Tomaten (S. 53)
Abends (200 kcal)	Zucchini-Gratin (S. 90)
Imbiss (je 100 kcal)	Scharfer Wurstsalat (S. 107) ½ Portion Kartoffelsnack mit Gartengemüse (S. 119)

Donnerstag

Frühstück (200 kcal)	Ei-Brot (S. 25)
Mittags (400 kcal)	Kartoffel-Zwiebel-Auflauf (S. 55)
Abends (200 kcal)	Gratiniertes Pitta-Brot (S.103)
Imbiss (je 100 kcal)	Kartoffelsuppe gratiniert (S. 111), 1 Becher Magermilchjoghurt und 125 g Erdbeeren (S.118)

Freitag

Frühstück (200 kcal)	Himbeer-Müsli (S. 40)
Mittags (400 kcal)	Matjesauflauf (S. 72)
Abends (200 kcal)	Roggentoast mit Schinken (S. 102)
Imbiss (je 100 kcal)	Rote Grütze mit Milch (S. 114), 1 große Kugel Fruchteis (S. 119)

Samstag

Frühstück (200 kcal)	Croissant mit Frischkäse und Erdbeeren (S. 30)
Mittags (400 kcal)	Püree-Lasagne (S. 56)
Abends (200 kcal)	Tomatensuppe gratiniert (S. 105)
Imbiss (je 100 kcal)	Erdbeeren mit gerösteten Mandeln (S. 117) 1 Glas Rot- oder Weißwein (S. 118)

Sonntag

Frühstück (200 kcal)	Orangen-Müsli (S. 41)
Mittags (400 kcal)	Zwetschgen-Milchreis-Auflauf (S. 78)
Abends (200 kcal)	Brunch-Soufflé (S. 96)
Imbiss (je 100 kcal)	Fruchtjoghurt mit Knusperflocken (S. 115) 1 gehäufter EL Geflügelsalat (S. 119)

Woche 3.

Montag	Frühstück (200 kcal)	Brötchen mit Frischkäse und Kirschkonfitüre (S. 33)
	Mittags (400 kcal)	Zucchini-Hähnchen-Auflauf (S. 59)
	Abends (200 kcal)	Lachs-Spinat-Gratin mit Reis (S. 90)
	Imbiss (je 100 kcal)	Putensalat auf Radieschen-Carpaccio (S. 116), 1 Zwieback mit je ½ TL Butter und Sonnenblumenkernen (S. 119)
Dienstag	Frühstück (200 kcal)	Apfel-Möhren-Müsli (S. 41)
	Mittags (400 kcal)	Kartoffel-Paksoi-Auflauf (S. 46)
	Abends (200 kcal)	Toast Clement (S. 100)
	Imbiss (je 100 kcal)	Buttermilch-Bananen-Drink (S. 117) Buttermilch-Himbeer-Mix (S. 117)
Mittwoch	Frühstück (200 kcal)	Knäckebrote mit Jagdwurst und Schmelzkäse (S. 26)
	Mittags (400 kcal)	Gemüseauflauf (S. 48)
	Abends (200 kcal)	Möhren-Orangen-Cremesuppe (S. 104)
	Imbiss (je 100 kcal)	Pilzsuppe (S. 111) 5 Butterkekse (S. 119)
Donnerstag	Frühstück (200 kcal)	Exoten-Müsli (S. 42)
	Mittags (400 kcal)	Gemüse-Buchweizen-Auflauf (S. 52)
	Abends (200 kcal)	Zucchini mit Krabben überbacken (S. 92)
	Imbiss (je 100 kcal)	Melone mit Parmaschinken (S. 109) 1 große Kugel Fruchteis (S. 119)
Freitag	Frühstück (200 kcal)	Graubrot mit Geflügelsülze (S. 27)
	Mittags (400 kcal)	Nudelauflauf mit Fischfilet (S. 74)
	Abends (200 kcal)	Geflügelsandwich (S. 101)
	Imbiss (je 100 kcal)	Errötendes Mädchen (S. 114) 1 kleiner Rollmops (S. 119)

Woche 4.

Samstag

Frühstück (200 kcal)	Mango-Müsli mit Dickmilch (S. 43)
Mittags (400 kcal)	Apfel-Reis-Auflauf (S. 80)
Abends (200 kcal)	Gratiniertes Pitta-Brot (S. 103)
Imbiss (je 100 kcal)	Spargel-Rucola-Salat mit Putenbrust (S. 112)
	1 Glas Campari-Orange (S. 118)

Sonntag

Frühstück (200 kcal)	Roggenbrot mit Senfbutter und Lachs (S. 29)
Mittags (400 kcal)	Zander-Gratin (S. 69)
Abends (200 kcal)	Toast mit Spiegelei (S. 102)
Imbiss (je 100 kcal)	Kartoffelsuppe gratiniert (S. 111)
	100 ml Weißwein und 4 Salzbrezeln (S. 119)

Montag

Frühstück (200 kcal)	Frischkorn-Müsli (S. 43)
Mittags (400 kcal)	Grünkern-Grünkohl-Auflauf (S. 50)
Abends (200 kcal)	Hühnersuppe mit Käse gratiniert (S. 105)
Imbiss (je 100 kcal)	Mokka-Quark (S. 115)
	1 gehäufter EL Heringssalat (S. 119)

Dienstag

Frühstück (200 kcal)	Roggenbrot mit Putenbrust (S. 27)
Mittags (400 kcal)	Brokkoli-Kartoffel-Auflauf (S. 57)
Abends (200 kcal)	Krabben-Soufflé (S. 94)
Imbiss (je 100 kcal)	Pfirsich-Drink (S. 115)
	1 EL Studentenfutter, 20 g (S. 119)

Mittwoch

Frühstück (200 kcal)	Mango-Müsli mit Dickmilch (S. 43)
Mittags (400 kcal)	Bohnenauflauf mit Birne und Speck (S. 60)
Abends (200 kcal)	Kartoffel-Lauch-Gratin (S. 83)
Imbiss (je 100 kcal)	Errötendes Mädchen (S. 114)
	1 Tomate mit Fleischsalat (50 g) gefüllt (S. 119)

Donnerstag	Frühstück (200 kcal)	Camembertbrot mit Birne (S. 25)
	Mittags (400 kcal)	Reisauflauf mit Pfirsich (S. 80)
	Abends (200 kcal)	Zucchini-Gratin (S. 90)
	Imbiss (je 100 kcal)	Scharfer Wurstsalat (S. 107), 1 großer Langostino (100 g) mit 3 Tropfen Knoblauchöl (S. 119)
Freitag	Frühstück (200 kcal)	Köllns Röstmüsli (S. 35)
	Mittags (400 kcal)	Curry-Fisch-Gratin (S. 75)
	Abends (200 kcal)	Zucchini mit Krabben überbacken (S. 92)
	Imbiss (je 100 kcal)	1 mittelgroße Banane, 150 g, 200 ml Cola (S. 118)
Samstag	Frühstück (200 kcal)	Ei-Brot (S. 25)
	Mittags (400 kcal)	Ofenkartoffel mit Spinathaube (S. 58)
	Abends (200 kcal)	Vanille-Soufflé mit Früchten (S. 97)
	Imbiss (je 100 kcal)	200 ml Sauerkirschsaft (S. 118 150 ml Rot- oder Weißwein (S. 118)
Sonntag	Frühstück (200 kcal)	Bananen-Ananas-Müsli (S. 37)
	Mittags (400 kcal)	Kartoffelgratin mit Räucherlachs (S. 72)
	Abends (200 kcal)	Roggentoast mit Schinken (S. 102)
	Imbiss (je 100 kcal)	½ Portion Kartoffelsnack mit Broccoli & Crème fraîche (S. 119)

Rezeptregister

Die Autorin

Karin Iden, diplomierte Diätassistentin, war im Nestlé-Konzern für Verbraucherfragen zuständig und leitete danach das Kochstudio der Zeitschrift »Menü von A–Z«. Seit 20 Jahren arbeitet sie als freiberufliche Food-Journalistin und Autorin für Zeitschriften- und Buchverlage. Sie lebt in Hamburg und ist Mitglied des Food Editors Club Deutschland (FECD).

Bitte besuchen Sie uns im Internet: www.knaur.de

Weitere Titel aus den Bereichen Gesundheit, Fitness und Wellness finden Sie im Internet unter www.wohl-fit.de.

Bibliografische Information – Die Deutsche Bibliothek
Die Deutsche Bibliothek verzeichnet diese Publikation in der Deutschen Nationalbibliografie; detaillierte bibliografische Daten sind im Internet über http://dnb.ddb.de abrufbar.

Wichtiger Hinweis
Die im Buch veröffentlichten Ratschläge wurden mit größter Sorgfalt von Verfassern und Verlag erarbeitet und geprüft. Eine Garantie kann jedoch nicht übernommen werden. Ebenso ist eine Haftung der Verfasser bzw. des Verlages und seiner Beauftragten für Personen-, Sach- oder Vermögensschäden ausgeschlossen.

Bildnachweis
Coverfoto: Food Centrale
Brunch S. 81, 96; Buitoni S. 65; CMA Butter S. 29, 32; Du darfst S. 106, 112, 116; FIZ S. 68, 71, 76, 93; Food Centrale S. 3, 49, 87, 99; Iglo S. 54, 58; Knorr S. 44, 82; Maille/Martina Urban S. 24; Mauritius images/Ripp S. 4; /Pöhlmann S. 11; Peter Kölln KgaA, Köllnflockenwerke S. 34, 39; Pfanni S. 67; Rama S. 104; Reformhaus S. 120; Reis-fit S. 91; StockFood/Aurora Photos S.L S. 23; Walküre S. 20.

Projektleitung: Kathrin Gritschneder
Redaktion: Yvonne Georgi, Gertje Sckopp-Witte
Korrektorat: Damla Özbay
Satz: Uhl + Massopust, Aalen
Umschlag: Daniela Meyer
Reproduktion: Premedia Wels
Druck und Bindung: Appl, Wemding
Printed in Germany

ISBN 3-426-64132-1

5 4 3 2 1